哲学はじめの一歩

働く

立正大学文学部哲学科〈編〉

春風社

働く

働く

突然だが、次のいずれかを選んでほしい。

①働いたことがある
②働いたことがない

①を選んだ人の中には、正社員として働いているという人もいれば、以前アルバイトをしたことがあるという人もいるだろう。あるいはなんらかの事情で仕事を辞めてしまったという人もいるかもしれない。②を選んだ人の中には、まだ学生なので働けないという人もいれば、働きたくないので働いたことがないという

人もいるかもしれない。

では「働く」とは何だろうか?

先ほどの問いに答えることができた以上、あなたは「働く」とは何か、知っているはずだ。だが、本当にそうだろうか。また一つ考えてみてほしい。「働く」ことと「仕事」とは同じことを意味しているのだろうか。たとえば、アルバイトをしている学生が「働いている」と言えば、そうなのかと思う。だがその同じ学生が「自分の仕事はコンビニのアルバイトです」と言ったとすれば、違和感を覚えるのではないだろうか。一方、「学生の仕事は勉強することだ」とか「赤ちゃんの仕事は泣くことだ」と言ったりもする。だが、この意味で使われる「仕事」が、世間で言うところの「働く」ことだと思う人は少ないのではないだろうか。

どうだろう。はじめは「働く」なんて「わかっている」と思った人でも、だんだんよくわからなくなってきたのではないだろうか。それこそまさに我々の思う壺《つぼ》である。繰り返しになるが、どちらかを選ぶことができた以上、あなたは「働く」とは何か知っているはずなのだ。知っているはずなのに、うまく言葉で言い表すことができない。

だんだん気持ちが悪くなってきた。なんとなく居心地が悪い。そんなあなたに……というと、なんだか薬のＣＭみたいになってしまうが、この本はそんなあなたに向けて書かれたものである。逆に言えば、ここまで読んでも「働く」とは何なのか、あまり気にならないという人には、この本は必要ないだろう。

言い忘れていたが、これは哲学の本なので、読んだから仕事の能率が上がるとか出世するとかいうことはない。また「哲学」と銘打ってはいるが、「仕事の哲学」みたいなことが書かれているわけでもない。

じゃあ何が書いてあるんだ、と聞かれても一言では言えない。ただ、どの文章も「働く」ということがそもそも何なのか決めつけずに、一生懸命考えているのは確かである。

ひょっとしたら、この本の中に、「働くとは何か」という問いに対する答えが見つかることを期待する人もいるかもしれない。だが、読み終わってもその答えは見つからないかもしれないし、むしろ疑問が増えるだけかもしれない。しかし、それは悪いことではない。もしそうなったとしたら、それはあなたが哲学的に考えることをはじめた、ということであり、この本の目的が果たされたということである。というのも、哲学とは収まりのよい答えを提示する営みではないからだ。それはむしろ、問いを見つける営みなのである。

この本が、あなた自身の問いを見つけ、哲学をはじめる一歩となりますように。

（竹内聖一・木村史人）

1

人はなぜ働くのか

竹内聖一

仕事とは何か

「――でも、叔父さんだって本音を言えば働きたくないと思ってるわけでしょう？」

「いや、そんなことはないさ」

「本当に？　こないだお父さんが、そういえば叔父さんも学生の頃は働きたくないって散々ごねてたって言ってたけど」

答えに窮した僕は、とりあえず窓の外を見た。相変わらずしんしんと雪が降っている。目の前にいるのはもうすぐ大学三年になる姪だ。これから就職活動の時期だというのに、働きたくないと言うので困っている――最近兄がそうこぼすのを他人事のようにして聞いていたのだが、年末に帰省したら、出てきたのはその姪一人だった。聞けば、兄夫婦は姪を一人残し、両親と温泉に行ってしまったのだという。

「私ね、働かなきゃいけないのは、たまたまだと思うんだ」

「というと？」

「家がお金持ちじゃないから。もしお金を稼がなくてもいいなら、働く必要もないでしょう」

やれやれ。温泉に行くのはいいとして、なぜ姪を置いていったのか。おかげでこっちは新年早々面倒に巻き込まれている。僕は、「不本意」の三文字を顔にべったりと貼り付けたまま、姪と向かい合った。

「そりゃ確かに働く必要はないだろうけど……、それで君は毎日何をするんだ？」

「何って……そうだな。好きなことをして過ごすのよ」

「好きなことって？」

「だから……絵を描くとか料理するとか」

「なるほど。でも世の中には絵を描いたり料理することを仕事にしている人もいる。その人たちのしていることは仕事で、君のすることは仕事じゃない。違いはどこにあるんだろう」

「違い？　それでお金をもらっているかどうかなんじゃないの？」

「本当にそれでいいのかい」

「何よ」

「いや、君の言う通りだとすると、お金をもらわずに料理している人は働いていないことになるな、と思って」

「そんな人いる？」

「いるじゃないか、それも君のごく身近に」

「あ、そうか。家族のためにタダで料理している人がいるってことね。うーん、家事は全部そうなるわけか」

「つまり、お金をもらっているかどうかでそれが仕事かどうかを判断することはできないというわけだ。他にどんな基準があるだろう」

「そうだな……うーんと、生活のためにしなければならないかどうかとか？　家事はお金がもらえるわけじゃないけど、自分たちが生活していくには必要なことだもんね」

「なるほどね。でも世の中には、お金がもらえるわけでもないし、自分たちが生活していくためにしなければならないわけでもないけど、立派に仕事と呼べるものもある。なんだと思う」

「……わかんないよ」

「例えばボランティアだ。ボランティアをしている人たちは必ずしも自分が生活していくために必要だと思うからそうしているわけじゃないだろう。もちろん、他の誰かの生活には必要なわけだが」

「それじゃ仕事と仕事じゃないものの違いって何よ。叔父さんにはわかってるの」

「正直なところ、僕にもわからない」

「ひどい。自分にも答えがわかってないことを人に聞いたわけ」

「まあまあ、いいじゃないか。僕が聞きたいのはね、お金がもらえるわけでもなく、生活のためにしなければならないわけでもないことを、君が本当に楽しめるかどうか、ということなんだ」

他人に評価される

「そんなの楽しいに決まってるじゃない。お金をもらって何かをするのがどれだけ大変か、叔父さんだってわかってるでしょう」

「どんなふうに大変なんだい」

「わかってるくせに。私、今結構有名な喫茶店でバイトしてるんだけど、本当に大変なんだから」

「たとえば？」

「お店の名前で検索すると、クレームがいっぱい出てくるの。店員の態度が悪い、料理が出てくるのが遅い、料理が焦げてた、とかなんとか」

「しかし、それはお金をとっているんだからしようがない」

「ほら、そういう「お客様は神様だ」っていう態度の人ばっかりなのよ」

「どこかで聞いた話だな」

「叔父さんにもそういう知り合いがいるの?」

「いや、家のご飯がまずいとか、お弁当のおかずが気に入らないとか、文句ばかり言う奴がいるって話さ。タダなのに文句を言う分、こちらの方がたちが悪いとも言えるね」

「……それって私のことじゃん。お父さん、そんなことまで叔父さんに話してるの」

「まあね。それで君の「好きなこと」に戻るけど、君はただ料理したり絵を描いたりすることを楽しめるんだろうか」

「どういう意味よ」

「僕はそういうのに疎《うと》いからよくわからないんだが、最近はその……SNSっていうのかい? そういうところに自分の描いた絵とか料理の写真をあげている人が多いっていう話だ。ひょっとして君もそういうことをしているんじゃないのか」

「……してるけど。別に悪いことじゃないでしょ。みんなやってることよ」

「悪いと言うつもりはないさ。知りたいのはなんのためにそんなことをしているのかっていうことなんだ」

「なんのためって……なんのためなのかな。うーんと、そういうことすると楽しい気分になるから？」

「本当にそれだけ？」

「他に思いつかないけど」

「なんだったかな……ああそうだ、「いいな」っていうのがあるんだろ？」

「「いいな」？　ああ、「いいね」のこと？」

「そう、その「いいね」が多いほど嬉しい、ということを聞いたんだが」

「まあ確かにそうだけど……それがどうかしたの？」

「いや……、絵を描いたり料理したりするのが楽しいっていうのは、そんなふうに誰かから評価されることと切り離せないんじゃないかと思ってね」

「それはそうかもしれないけど……」

「他人の評価と切り離せないという点では、「好きなこと」も「仕事」も同じなんじゃないか」

「まさか。趣味で絵を描いたり料理したりするのが仕事だって思ってる人なんていないよ」

「もちろん、お金か「いいね」かの違いはあるだろう。だがいずれも他人の評価であることにかわりない。そういう反応があるからこそ楽しいし、真剣になれる。ただ君自身が、こっちは仕事でこっちは好きなことっていうように区別しているだけなんじゃないか」

「でもSNSやってない人だっているし、そもそも他人の評価なんて全く気にしない、自分が楽しければそれでいいっていう人もいると思うよ」

「もちろんいるだろう。だが、自分が楽しければいいといっても、なんでも楽しいってわけじゃないはずだ。たとえ趣味でも、人より上手になりたいとか、自分の納得のいくものをつくりたいとか、いろいろ欲が出てくる。そこには知らず知らずのうちに、他人からみてどうかという視点が入り込んでいる。そうじゃなければそれはただの暇つぶしでしかない」

「暇つぶし?」

「そうだ。それなら他人の評価なんて一切問題にならない。ただ退屈さから逃れられればいい。だが人は暇つぶしだけでは生きていけない。何か真剣に打ち込めるものが必要なんだよ。もっとも、ただ生きていくだけで精一杯というのなら、真剣に打ち込めるものがない、なんて悠長なことは言っていられない。こういう悩みはある程度豊かな社会ならではのものだと言える」

「なるほどね」

好きなこと

「叔父さんはさっきお金も「いいね」も他人の評価という点ではかわりない、って言ってたけど、お金と「いいね」はやっぱり違うよね」

「というと?」

「「いいね」がいくらあっても生活はできないでしょ。でもお金は違う。どっちでも同じだ、なんて言えるのはお金持ちだけだよ」

「そうなのかい。「いいね」がたくさんあるとそれだけで暮らしていけるっていう話も聞いたことがあるんだが」

「疎いわりには中途半端にいろんなこと知ってんのね」

「まあね」

「でもそれは「いいね」が途方もなくたくさんある人だけよ」

「そうか。それで何の話だったっけ」

「だから、お金持ちだったら、「真剣に打ち込めるもの」を仕事にしなくてもいいってことよ。あ、これは「生活のためにしなければならないこと」っていう意味の仕事だけど」

「それはそうだ。だが、お金持ちじゃなくとも、仕事はそこそこにしておいて、趣味や何かに真剣に打ち込めることを見出している人はいっぱいいるだろうね」

「そうよね」

「それで君はどうなんだ。そういう人たちみたいに、仕事以外のものに真剣に打ち込めることを探したい口なのかい」

「……まだわからないよ。なんとなく仕事が真剣に打ち込めるものだったらいいな、という気はしてるけど」

「おやおや、迷っている余裕があるのかい。もうすぐに就職活動が始まっちゃうじゃないか」

「そう言うけどさ。叔父さんが私くらいの頃、自分が真剣に打ち込めることが何なのかわかってた？」

「そりゃわかってたさ」

へえ、と姪は感心したように言って、私はわかんないなと小さな声で呟《つぶや》いた。

「それじゃそれを仕事にできると思った？」

「うーん、それは……」

「ほら、そんなに簡単じゃないでしょ」

「だからその「真剣に打ち込める仕事」を見つけるために色々と自己分析してだな……」

「やっぱり叔父さんもそう言うんだ。皆とおんなじだね」

「だけど、皆がそう言うのは、それが必要なことだからじゃないのかい」

「「必要なこと」ね。でもそうやって一生懸命自己分析したって、結局はおんなじことじゃん」

「どうして」

「叔父さん、それほんとにわかんないの？」

姪の口ぶりに、僕の顔にある「不本意」の三文字はさらに濃くなったが、彼女は意に介さない風に先を続ける。

「真剣に打ち込めることって、要するに自分の好きなことでしょ。それを仕事にしちゃったら、好きじゃなくなっちゃうかもしれないじゃん。私はそんなのごめんだな。それに、好きなことを仕事にするのがどんなに難しいか、叔父さんだって知らないわけじゃないと思うけど」

例えば、その芸人さんたち——と言って、姪はテレビを指差した。ちょうど正月のお笑い番組が始まったところで、二人組が漫才を披露している。たしか年末の番組で何かの賞をとったのではないか。僕がそう言うと、姪は頷《うなず》いた。

「この人たちはすごいよね。ずーっと売れなくて、その間いろんなところでバイトしてて、今年ダメだったらもう諦めようかと思ってたところで、ようやくブレイクしたんだって。私にそんな根性はないな。きっとすぐに諦めちゃう、っていうか、最初から挑戦してみようとすら思わないんじゃないかな」

「そりゃお笑い芸人として成功するなんて狭き門だろうけど、まさか君の好きなことってお笑いなのかい」

「だから、まだわからないって言ってるじゃない。でもどんなことだって、好きなことを自分の仕事にしようと思ったら他人と競争しないといけないでしょ。私にはその競争を勝ち抜く自信はない。だから、私の将来の仕事は多分私が好きなことじゃないと思う」

「でも、その仕事にも何かしらのやりがいはあるはずだろう」

「そうかな。競争しなくてもできる仕事って、誰にでもできる仕事ってことでしょう。さっき言った喫茶店のバイト、私がやめるって言ったら、一週間くらいは人手が足りなくて困るだろうけど、でもすぐに誰か新しい人が入ってきて元どおりになっちゃう。代わりはいくらでもいるし、やってることだっていつまでたってもおんなじで、なんの成長もない。そんな仕事にやりがいなんてないよ」

「それで？」

「好きなことを仕事にできないんなら、好きじゃないことを仕事にして生きていかないといけない。それが憂鬱《ゆううつ》なんだよね」

好きなことを仕事にできなかったら負けか

「気に入らないね」

「どこが気に入らないのよ」

「だから、その「好きなことを仕事にできなかったら負け」というところがだよ」

「私の話ちゃんと聞いてた？　そんなこと一言も言ってないじゃない」

「確かに口にしてはいないだろう。だが、心のうちではまさにそう思っているからこそ、君は憂鬱なんじゃないのかい」

「それじゃ叔父さんは好きなことを仕事にしている人は幸せじゃないって言うの」

「違う。どうして君はそう単純なんだ」

「だってそういうことでしょう」

「好きなことを仕事にして幸せになれるかは人それぞれだ。幸せになれたという人もいれば、そうじゃなかったという人もいる。だからどちらが正しいかを問うなんて意味がない」

「それならどうして――」

「僕が気に入らないのはね、どちらが正しいかなんてわからないのに、世の中には「好きなことを仕事にできなかったら負け」という雰囲気があり、君もまたそれをなんとなく受け入れてしまっているということさ。人それぞれなのに、どうして「負け」だって言い切れるんだ」

「よくわからないけど……、好きなことを仕事にした方が幸せになりやすいかもしれないじゃないの」

「君もさっき言っていたじゃないか。好きなことが仕事になるとは限らないし、好きなことを仕事にするには厳しい競争を勝ち抜かなければならない。つまり、好きなことを仕事にできる人はとても幸運だということだ。その事実から目を背けて、好きなことを仕事にした方が幸せになりやすい、なんて言うのは無責任だし、それを簡単に信じるのは危険だ」

「それじゃ叔父さんは好きなことを仕事にしようと努力するのは無意味だ、って言うの。それはあまりにも――」

「そうは言っていないさ。相応の覚悟をもって挑戦するのは悪くない。ただ、だからと言って、好きなことを仕事にしないという選択や、挑戦の途中で方向転換して別の仕事についたりすることを否定的に捉えなくてもいいんじゃないか、と言っているんだ」

「でも、それって結局自分の好きなことを諦めることになるわけでしょう？　やっぱり幸せとは言えないよ。好きじゃないことを仕事にしたって、やりがいなんか感じられないもん」

「君は本当にそう思っているのかい、好きではない仕事にはなんのやりがいも感じられないと？」

誰のために働くのか

「さっき君が言ったことを覚えているかい」

「どれのこと？」

「君はこう言ったんだ。真剣に打ち込めることっていうのは要するに自分の好きなことだと。そうとは限らないんじゃないか？」

「そうじゃない場合もあるって言いたいの？」

「君は以前に言っていたじゃないか。自分の接客がよかったとお客さんにほめられて嬉しかったって。たとえ好きなことでなくとも、自分の仕事が世の中の役に立っていると思えれば、その仕事にやりがいを感じられるし、真剣に打ち込むことができるはずだ」

「……そりゃあ確かに嬉しかったけど、でもそれは私が思うやりがいじゃない。やりがいってのはもっとこう……」

「もっとこう、なんだい？」

「うまく言えないけど、自分にしかできないことを成し遂げたとか、その仕事をしてると、時間が経つのも忘れるほど没頭できるとか……とにかくそういうことよ」

「まあ言いたいことはわかる。そういうやりがい「も」あるということは僕も否定しない。でも、やりがいというのは本当にそれだけだろうか」

「ていうかさ、さっきは叔父さんだって、他人からの評価があるから真剣になれるって言ってたじゃない」

「たしかにね。だが他人からの評価にも色々あるだろう」

「色々って？」

「少なくとも二つはあるね。一つは君の言っている「あなたはすごい」っていう評価、もう一つは「あなたが必要だ」という評価だ」

「そうかもしれないけど、どっちかって言うと私は、「あなたはすごい」って言われたいな」

「そう思うのは、君が自分のために働いていると思っているからじゃないのか」

「意味わかんない。みんな自分のために働いてるに決まってるじゃない」

「やれやれ。さっき、どんなものが仕事だろうって考えたのを覚えているかい。お金をもらえなくても仕事と呼べるものがあっただろう」

「うん、家事とかボランティアとかのことね」

「では、一人暮らしの人間が自分のためにやる家事はどうだろう。それも仕事と言えるだろうか」

「うーん、それは仕事とは言えないかな……」

「そうだろう。つまり、仕事とされているものの一つの典型は、他人のために何かをすることだと言えるんじゃないか」

人は自分のために働くのか

「でも、世の中には自分のために何かをするっていう仕事もたくさんあるでしょう」

「たとえば？」

「スポーツ選手とか芸能人とか。そういう人たちは、ただ自分の好きなことをやってるだけで、他人のためにやってるとは思ってないんじゃないかな」

「たしかに、そういうタイプの仕事もある。だが、そういう人たちだってお客さんが喜んでくれることや、チームメートや共演者から必要とされていることにやりがいを感じることもあるんじゃないか」

「まあそれはそうかもしれないけど、そういう人たちはそれを目的にして仕事をしてないっていうか……」

「それじゃ何を目的にしているっていうんだい」

「うーん、自分の可能性を追求してるって感じかな。その結果として他人から評価されてる、というだけで」

「まあ百歩譲って、そういう人たちは他人のために働いているなんてこれっぽっちも思っていないとしよう。だがそんな風に100パーセント自分のために働けるのは、ごく一握りの人間に過ぎないんじゃないか」

「それはそうかもね」

「つまり、仕事の多くは他人のためになされているものなんだ。君の生活が他人の仕事によって支えられているように、君は自分の仕事によって他人の生活を支えなければならないんだよ」

「それで叔父さんは、他人のために働いている人は、他人の役に立つことにやりがいを見出すべきだって言いたいの?」

「いや、「べきだ」とまでは言わない。ただ他人のための仕事における成功は、まずは他人の役に立つことにあるのだということは理解しておいたほうがいいとは思うね」

「でも、他人のための仕事でも、自分の可能性を追求することはできるよね。前テレビで見たんだけど、窓拭きの世界大会で優勝しちゃった人がいるんだって。そういう人は、他人の役に立つことだけじゃなくて、自分の可能性を追求することにもやりがいを感じてるんじゃないかな」

「そうか待てよ。なるほど……」

「どうしたの」

「いや、僕は最初さっき挙げた二つの評価に応じて、二つの種類の仕事があると思っていたんだが、どうもそれは間違っていたようだ」

「二つ?」

「そう。まず、スポーツ選手とか芸能人とか、君の言う「好きなこと」が仕事になっているケースだ。仕事自体が楽しい。人は仕事を通じて自分の可能性を追求することにやりがいを感じる。その尺度として、「あなたはすごい」という他人からの賞賛がある。こういう仕事では、仕事をしている自分こそ本当の自分だと感じられることが多い」

「ふんふん。それで」

「他方、もう一つは他人のためになされる仕事だ。仕事自体が楽しいとは限らないが、人は、他人の役に立つことにやりがいを感じる。その尺度として、「あなたが必要だ」という他人からの感謝がある。この場合仕事をしている自分こそ本当の自分だ、とは思えないかもしれないが、仕事は、少なくとも自分の居場所は与えてくれる」

「居場所って?」

「自分はここにいていいんだ、という感覚とでも言うかな。多くの人間はそういう感覚を必要としている。どこかに属していたいんだよ」

「ふーん。それで、そのどこが間違ってたの」

「君がさっき言ったように、人のための仕事を通じて自分の可能性を追求することができないわけじゃない。すると、いま挙げた二つは、仕事の種類というよりは仕事の二つの側面を表していると考えた方がよさそうだ。どんな仕事にも、自分の可能性を追求するという側面と他人の役に立つという二つの側面がある。ただ、その仕事を誰がどんな風にやるかで、いずれかの側面がより強調される。それに応じて、何にやりがいを見出すかも変わってくるんだと思う」

お金こそ真の評価？

「叔父さんは仕事には二つの側面しかないって言うけど、私はもう一つあると思うな」

「いや、二つしかないとは言ってない。少なくとも二つはあると言ったんだ。

それで三つめというのは？」

「お金を稼ぐっていう側面よ。誰にも感謝されないし、なんのやりがいもないかもしれないけど、生活していかなきゃいけないからやるっていう側面のこと」

「なるほど。たしかに、面と向かっては誰も感謝してくれないということはあるだろうね。だが、仕事である以上、それは何らかの仕方で世の中の誰かの役に立っているはずだ。それに気づくことができれば――」

「でも誰にも感謝されないんじゃ、やりがいを実感することなんてできないじゃない。そうなったら自分の仕事の価値を決めるのはお金だってことにならない？」

「だが、そのお金は、結局のところさっき言った賞賛や感謝といった他人からの評価を反映しているんじゃないか」

「私が言いたいのはそれよ。叔父さんはやりがいがあればその仕事には価値がある、みたいなこと言ってるけど、やりがいと仕事の価値はやっぱり違うんじゃないかな」

「というと？」

「先輩がね、就職活動してるときに、面接で「これまでにどんな仕事をしたことがありますか」って聞かれたんだって」

「それで?」

「先輩はね、私はボランティアに行った先の人たちの「来てくれてありがとうね」という言葉がとても印象に残っています、って話したの。叔父さんの言う「他人からの感謝」ってやつよね。そしたら、なんて言われたと思う?」

「さあ、わからないな」

「ボランティアはお金をもらわずにやっていることなんだから、感謝されて当たり前でしょう。私たちが聞きたいのは、あなたがお金をもらってやった仕事についてです、って」

「ひどいな」

「私も最初はそう思った。でもね、よく考えてみれば面接官が言ってることももっともだと思う」

「どうしてそう思うんだい」

「相手が本当に自分を評価してくれているかどうか――この場合は賞賛でも感謝

でも、どっちでもいいと思うんだけど——それがわからないことってあるじゃない。なんとなくそういう空気だから、ここはそう言っとこうか、みたいな。例えば、ボランティアの人が素人で、業者に比べたら仕事の質が低いんだけど、でもせっかくやってくれたんだからお礼言っとかなくっちゃ、なんて思ったりするわけよ。でもお金にはそういうごまかしがない。仕事に対する評価がシビアに出てくるのよ」

「店員の態度が悪い、とかね」

「もう、茶化さないでよ。こっちは真剣に話してるんだから。そう考えるとね、私が自分の仕事にいくらやりがいを感じていたとしても、その仕事の「本当の」価値を決めるのは、お金なんじゃないかって思うんだよね」

能力の価値が自分の価値なのか?

「たしかに、君が言うように、お金による仕事の評価は容赦のないものだ。だけど、それが仕事の「本当の」価値を決めると言えるんだろうか。たとえば、さっきの面接の話だけど、そこでボランティアの話が評価されないのは、採用する側が利潤を追求するという目的をもっているからだろう。それに――」

「だけど、仕事をするっていったら、大体はそういう目的をもったところに就職するわけでしょう。それなら結局おんなじじゃない」

「話を最後まで聞けよ。仕事に対してお金を払うとき、君は相手に、お金に見合った成果をあげることを求めているわけだ」

「そうだけど」

「それはあくまでも君の仕事ぶりに対する評価、つまり同じ仕事をしている他の人に比べてどれだけよくやっているかということであって、君の仕事そのものに対する評価ではない」

「そうだよ。だから私が言ってるのは仕事ぶりの評価の方よ」

「そうだろう。ところが、どんな仕事をしている人の仕事ぶりも、同じお金という尺度で評価されているために、まるで異なる仕事同士の価値を比較できるかのような錯覚に陥ってしまう。ほら、よくあるだろう。スポーツ選手の年俸を時給に換算するといくらだとか、この職種の平均年収はいくらだとか」

「まあ、確かにそういうの聞くと何だかぐったりしちゃうけど。でも能力の価値って、自分の価値だよね。能力がある人にたくさんのお金が行くっていうのは、しょうがないことなんじゃないかな」

「気づいているかい？　君は最初自分の仕事ぶりに対する評価の話をしていたのに、今は自分自身の評価の話をしている」

「……あれ、ほんとだ」

「それは君が自分の能力の価値を自分の価値と考えているからだ。まあしかしそう考えているのは君だけじゃない。僕もそうだよ。ついつい自分の能力と自分の価値とを結びつけてしまう。自分にはその価値があるからこの報酬に値するんだ、とね。だが本当にそうなんだろうか？　なぜ能力のある人はない人よりもたくさんのお金をもらうべきなんだろう？」

「でも、そうしないと皆やる気が出ないでしょう。人よりも結果を出してるのに同じ給料っていうんじゃ、何のために頑張ってるんだかわかんなくなっちゃう」

「つまり人よりも結果を出している人は高い報酬に値するというんだね。だが、どうだろう。結果を出せるかどうかは、その人がどのような家庭に生まれるかにも大きく左右される。早い話がお金持ちの家に生まれてきた子は、自分の能力を伸ばす機会に恵まれやすいということだ。こんなふうに、実はスタートの時点で格差があるのに、結果だけを評価するというのは果たしてフェアなことと言えるだろうか」

「そりゃそうだけど……でも今の世の中はそういう格差をなるべくカバーしようとしているじゃない。奨学金とか」

「確かにその通りだ。必ずしも十分とは言えないけどね。では、仮に格差が全くなくなって皆同じところからスタートするならば、結果だけを評価してもいいんだろうか」

「いいと思うな。同じところからスタートするなら、あとは本人の努力次第ってことでしょう。これ以上フェアなことはないと思うけど」

「ところがそうとは限らない。その努力すら偶然に左右されるものだという意見もある」

「どういうこと？」

「才能に恵まれた人間は、そうでない人間よりも努力することができる、というんだ。言われてみれば確かにその通りかもしれない。努力すればしただけ能力が伸びる人間と、そうでない人間とでは、長い目で見れば、努力しようという気持ちに差が生じてくるかもしれない。才能の有無が偶然に左右されるのだとしたら、努力できるかどうかもまた偶然に左右されているというわけだ」

「そう言われちゃったら何とも言えないけど……。でも私は努力する力はみんなに平等に与えられていると信じたいな。そうじゃないと救いがないよ」

「確かにそういうところはあるだろう。ではさしあたり、結果に対する評価は各人の努力に対する評価だということにしておこう。そうすると、君は結局はお金のために努力しているということなのかい。それだと、自分で自分の仕事のやりがいを否定することにならないだろうか」

「うーん、それは……っていうか、そういう叔父さんはどうなのよ。人より頑張っても給料が同じって言われて、それでも頑張れるの？」

「正直なところ、よくわからない」

「ずるい、さっきから都合が悪くなると、わからないって逃げるんだから」

「ははは。ばれたか。だが本当にわからないんだ。お金が大事だと言いたい気分もあるし、やりがいが大事だと言いたい気分もある。きっとどちらも大事というのが本当のところなんだろう。だがそう認めたとしても、まだ問題は残る」

「まだあるの？」

自分に条件をつける

「もっと問題なのは、能力を自分の仕事の価値や自分自身の価値と同一視することで、僕たちは自身の存在に条件をつけることになるということだ」

「条件をつける？」

「君が自分の能力を自分の存在意義と同一視しているとしよう。それでその能力が失われたら、どうなると思う？」

「どうなるって……、自分の存在意義もなくなっちゃうっていうこと？」

「そうだ。僕たちはちょうど氷の上に立っているようなものだ。その氷が割れないうちは立っていられるが、それがいつまでもつかはわからない。そういう居心地の悪さを感じながら日々生きているんだよ」

「でもすごい能力があって、自分は絶対にそんなことにはならない、って思ってる人もいると思うけど」

「同じことだ。もし能力が自分の価値だと考えているのなら、そういう人たちも条件つきの存在意義を抱えて生きているということになる。ただ、他の人よりも足元の氷が分厚いというだけなんだよ。能力があってもなくても自分は自分だと思える人なら、話は別だけどね」

「でもさ、自分の可能性を追求するにも、誰かの役に立つにも能力が必要だよね。もし私たちがそうやって自分の価値を実感したり、居場所を確保したりしているのなら、それは自分の能力が自分の価値や存在意義を与えているってことでしょう。そしたら、やっぱり自分の能力と自分の価値は切り離せないんじゃないの?」

「鋭いね。まさにそうなんだ」

「それに、何かができるようになるっていうのが嬉しいっていう気持ちもあるでしょう。そういうことが嬉しいって思ってる人が、そうじゃなくてもいいんだって言ってても説得力ないよね。外見より中身が大事とか言ってた人が、可愛い子と結婚するみたいな感じ。結局は外見なんじゃん、みたいな」

「その相手にはたまたま中身も伴っていたのかもしれない」

「いやに肩を持つわね。叔父さんもひょっとして外見派？」

「まあそれはいいとして、確かに君の言う通り、ただそうじゃなくてもいいんだって言っても、それは口先だけのことになってしまう。僕たちはその価値観を生きていないからね」

「価値観を生きるって？」

「実際にその価値観に従って物事を評価するってことさ。たとえば君がさっき言っていたお金による評価には、僕たちが実際に生きている価値観がストレートに現れている」

「そうか。お金による評価は口先だけの評価とは違うもんね。でも、そうじゃなくてもいいんだっていう価値観で物事を評価するってどういうことなのかな」

「それもやっぱりわからない。僕にわかってるのは、それが必要だってことだけだ」

「じゃあどうしたらいいのよ」

「一つ言えるのは、できる方がいいっていう価値観にとらわれすぎないようにするってことだ。できるのはいい、だが、できなくてもいいというようにね」

「なにもできなくても、誰の役に立ってなくてもいいってこと？　なんだかそれって働きたくない自分を肯定してもいいって言ってるように聞こえる」

「いや、そうは言ってない」

「どうして」

「それだと、できなくてもいいっていう価値観を絶対視して、できた方がいいっていう価値観の方は無視してるじゃないか。大事なのは、どちらの価値観も手放さず、それでいて、どちらからも自由でいるってことなんだ」

「……難しいのね」

しばしの沈黙が訪れた。外を見るといつの間にか雪はやみ、縁側に柔らかい光が差し込んでいる。そういえば、というように姪が口を開く。

「それで叔父さんはどっちなの」

「何が？」

「だから、好きなことを仕事にできたのかどうかって話」

「……忘れたよ」

「あ、ずるーい。ほんとに自分のことになると何にも言わないんだから」

［読書案内］
中島義道（2010）『働くことがイヤな人のための本』日経ビジネス人文庫
働きたくない、と思ったことのある人は多いだろう（私にもある）。この本では「働きたくない」さまざまな理由がリストアップされ、それらとどのように向き合ったらいいのかが論じられている。社会的な成功は様々な偶然に支配されているが、かといって、その理不尽さを理由に、働いていない自分に居直るべきでもない、という本書の指摘は、何度でも繰り返す価値のあるものだと思う。

ラース・スヴェンセン（2016）（小須田健訳）『働くことの哲学』紀伊國屋書店

仕事とは何か、すなわち仕事の定義を考え始めると、そう簡単には答えが出ないことに気づく。この本の序論でも、この問題が取り上げられている。さらに、人間が仕事に対してどのような姿勢をとってきたか――そこには肯定的なものもあれば否定的なものもある――が論じられている。スヴェンセンによれば、現代に生きる我々は仕事を自己実現の手段とみなしており、仕事は「消費」の対象――洋服のように、気に入らなくなれば取り替えられてしまう運命にあるもの――であるという。

マイケル・サンデル（2011）（鬼澤忍訳）『これからの「正義」の話をしよう　今を生き延びるための哲学』ハヤカワ・ノンフィクション文庫

結果による評価はなぜ公正ではないのか。その理由をさらに詳しく知りたい人は、この本の第七章をみるといいだろう。そこではジョン・ロールズの議論が取り上げられている。ロールズは、能力のある人がそうでない人より多くの報酬を受け取ることを否定するわけではない。ただ、彼によれば、それが認められるのは、そうした報酬によって、能力のある人々が努力することが、最も恵まれない人々の状況を改善するのに役立つ場合のみなのである。

立岩真也（2011）『人間の条件　そんなものない』イースト・プレス

「能力が自分の価値である」というのが正しいとは限らない。また、「できる」ことを、自分の価値や生きる意味と同一視すると、しんどくなる。これらの点は、この本で論じられている。この文章では論じることのできなかった、そうじゃなくてもいいという価値観を社会の仕組みにどう反映させるかについても、その答えが示されている。巻末に収められている対談のやりとりも参考にさせてもらった。

2

働くことにとって芸術とは何か

板橋勇仁

はじめに

働くこと、言い換えれば労働することと、それは大変なことだ。このことは、その労働にやりがいを持って働いている場合でも、あるいは生活のためと割り切って仕方なく働いている場合でも、等しく言えることだろう。どちらの場合にせよ、気楽に働くというわけにはいかない。

収入を得るための労働であるなら、たとえば取引先との交渉や客への応対が必要となったり、仕事場の中での、あるいは同業者の間でのさまざまな人間関係に処する必要があったりするだろう。長時間の労働や他人との競争を強いられることもあるかもしれない。いずれにせよ何らかの緊張状態を継続していくことが要求されることは間違いない。

緊張状態を継続していかなければならないということは、家事労働など、家族のために働くこと全般にも当てはまるだろう。さまざまに負わなければならない責任とそれに伴う緊張があり、恕《ゆるが》せに出来ない状況が続くという点で、両者に差はないし優劣もないであろう。ただここでは、収入を得る労働と家事労働とは違う性質のものなのか否かという難しい問題に立ち入ることはできない。むしろ仕事で働くという言葉を、両者を広く包む意味で使いながら、考えたいことは別のことである。

ひとは、こうした広い意味で仕事のために働くことにおいて、多かれ少なかれ緊張を強いられる。したがって、この緊張から解放される時間・空間を必要とするひとも多いであろう。あるいは、そうした機会を楽しみに働く人も少なくないだろう。仕事を忘れて楽しめるひとときは、多くのひとたちにとって人生を歩んでいく上での糧《かて》ともなる大切なものである。そして筆者は、こうしたひとたちと共に考えてみたいことがある。

古くから、美術や芸術は、人生の苦難から人間を救いとるもの、あるいは少なくともそれを癒す効果があるものと考えられてきた。それは人間が生きる上での喜びであり、糧となるものとされてきた。仕事としてではなく純粋な楽しみとして、小説や詩を読む、絵画や映画を鑑賞する、舞台を見る、音楽を聴く、花を生ける、コンサートやライブに行く、楽器を演奏する、絵を描く、詩を書く、といった時間は、日頃は仕事において緊張し、ひいては疲弊していく自分を解放してくれる大切な時間・空間となる。

広い意味で〈芸術に触れる〉と言いうるようなこうした経験のほかにも、たとえば祭りといったものもまた、日々の仕事から離れた時間・空間を演出することで、ひとびとに日々の緊張からの解放感を与えてきたものの一つであろう。しかし一年に一回ないし限られた回数しかない祭りに比べて、芸術には日々触れることができる。しかも、祭りは時間（しきたり）や空間（地域）の制限を強く有することが多いのに対して、芸術は、そこに国境がないともいわれるように、むしろ時間的・空間的制限を超えていく力を内に湛《たた》えている。だからこそ芸術は、仕事における、ひいては日々の通常の生活全般における煩わしさや悩みから自分を連れ出し解放してくれるものとなる。純粋に楽しみに没頭する時間・空間を開いてくれるものとなる。

以下では、日々仕事で働く人間にとっての芸術の役割を明らかにしてみよう（もちろん芸術の役割がこれに尽きるわけではない）。それは、仕事で働くということに、芸術はどのような影響や変化を与えるのかを考えることになる。ひいては、ひとは、広い意味での仕事で働くということに、どのように向き合えばよいのかについて見通しを立てることにもなるだろう。

こうした考察を展開する時、筆者は、一九世紀ドイツの有名な哲学者アルトゥール・ショーペンハウアーの芸術論（美学）に惹かれる。ただしそうなると、考察の方向は、途中から多くのひとが予想するのとは異なる方向に行くだろう。次節で述べるように、一般に多くのひとが考えるのは、芸術は、解放感や癒しと共に、日々を生きていく活力や意欲を与えてくれる、というものであろう。そしてショーペンハウアーによれば、芸術における美の経験は、たしかに人生の悩みや苦悩からわれわれを救い出し解放してくれるものである。しかし実はそれは、生きることの活力や意欲を与えてくれるものとしてそうなのではなく、むしろ生きる活力・意欲を鎮静化させ静寂の境地に誘うものとしてそうなのである。

それでは、こうした芸術経験によって、わたしたちはどのように仕事に向き合い、働くことになるのだろうか。ショーペンハウアーが考えたのは、芸術は働く意欲を無くさせるといったことなのだろうか。少なくとも筆者はそのようには解釈しない。むしろショーペンハウアーの思想には、ひとと働くこととの間柄についての深い考察が展開されていると考える。

芸術は働くことの活力を与えてくれるか

広い意味での芸術に触れることには、仕事で働くことに伴うさまざまな緊張やストレスを忘れさせてくれるという効果がある。いくつか例をあげてみよう。たとえば、好きな絵画を見たり、好きな映画を観たりすること、あるいは好みの作家の小説を読むことは、他のことを忘れて夢中になってその世界に入り込む機会になる。舞台・コンサート・ライブなどでの演者と客席の一体感は日頃のさまざまな思いから自分を解放してくれる。あるいは、絵や工芸作品の制作に没入することは、仕事とは全く異なった世界に自分を連れて行ってくれるし、より自由な気分で楽しみや充実感を持つこともできる。こうした例から考えられるように、芸術に触れることで、ひとは仕事や日々の生活での緊張と疲れを癒し、解放感を味わうことができると言えよう。そして日々仕事に向き合う意欲やエネルギーを得ることができると言えよう。

ただし、やや冷めた言い方になるかもしれないが、こうした解放感や楽しみも、それ自体が疲れに繋《つな》がっていく場合もある。たとえば、コンサートに行くことを楽しみにしている例を考えてみる。このコンサートを聴けば、元気になれる、次のコンサートまでまた頑張って働いていけると考えて、このことを楽しみに働いているとしよう。たとえ仮に仕事で働くことそれ自体の中にやりがいや楽しみを感じているとしても、コンサートの楽しさや解放感はそれとは異なる格別のものである。

しかし、働くことの緊張や疲れが強くなるにつれ、コンサートの楽しさが、十分に緊張をほどき、疲れを癒すものではなくなってきてしまう場合もあるのではないか。しかもそれは、皮肉なことに、コンサートの楽しさが特別なものであればあるほどそうなってくるのではないか。というのも、ひとたびコンサートの楽しさが終わると、またこれからしばらくはそうした楽しさの無い日々が続いていくと思い、失望し力が萎《な》えてしまうことがありうるからだ。この場合、楽しい時間・空間と働く時間・空間とのギャップが大きければ大きいほど、かえって失望感も強くなるのだ。ともすれば、楽しみが終わる前から、あるいは楽しみの最中から、ふと思い出して憂鬱になってしまう、あるいは思い出さないようにとむしろ意図して必死になって楽しみに没入しようとしてしまう。頑張って楽しみや解放感を得ようとしてしまう。もしもそんな自分に気がつくことがあるなら、自分は何をやっているのか疑問も湧いてしまうし、なによりそんな自分に疲れてしまうだろう。

極端な例のように思われるかもしれない。しかし、そもそも芸術に触れることで働くことから自由になり解放されて、癒される楽しい時間をすごそうというとき、そこには、芸術に、働くこととは別の刺激や興奮を求めているところがある。そうだとすれば、こうした極端な例も他人事ではないところがある。というのも、仕事において受ける緊張とそれに伴う興奮を忘れるために、別の興奮を求めているからだ。緊張や興奮に別の興奮をもってきても、根本的には状況は解決しない。こうしたメカニズムに依存する限り、芸術における〈楽しい興奮〉が過ぎ去ると、虚脱感が生じて憂鬱になってしまうという現象と、どのようなひとも無縁ではないられない。芸術に触れることで、しかもそれが特別な時間であるほどに、かえって憂鬱さが増すという悪循環は誰にとっても他人事ではない。

なるほど、芸術に触れる経験は、〈楽しい興奮〉を伴うばかりのものではないかもしれない。たとえば悲恋の物語や哀愁に充ちた音楽に触れる経験は単純に楽しいものとは言い難いし、なにより日頃の緊張や鬱屈を発散するといった性質のものではないように思われる。

しかし筆者から見ると、この場合でも、悪循環のパターンから免れているとは言えない。というのも、ここで例に挙げた経験はいわば〈悲哀の美〉に酔いしれる経験とも言いうるからである。それはむしろある種強烈な刺激であり興奮である。そうだとすれば、日々働く私の生活のある意味での凡庸《ぼんよう》さと、悲しい物語や音楽のドラマチックさとのギャップこそが、〈悲哀の美〉の魅力であり、日々の仕事を忘れさせてくれる一種の〈楽しみ〉の源となっているのではないか。この〈楽しみ〉が過ぎ去ったら、次に現れるのは色あせた日々働く生活しかない……。

ひとがこの悪循環から抜け出すことは不可能なのであろうか。先に名前を挙げたショーペンハウアーの思想を手掛かりに、考えてみよう。

生への意志に駆り立てられて

ショーペンハウアーは、わたしたちの生活はすべて「生への意志（生きようとする意志）」によって成り立っていると言う。

彼によれば、生きるとは、自分のやりたいこと、言い換えれば自分が目指す目的を実現していくことであり、一切の物事はこの目的にとっての利害関心から捉えられている。

たしかにひとは、自分のやりたくないことをやることはできない。たとえ、自ら進んでやりたくはないことや、あるいは本当は避けられるなら避けたいことであっても、結局はそのことを行ったのなら、それはやはりそのことを行った方がよいと考えたのであり、そのことをやろうと意志したのである。つまり自己とは意志そのものであり、それを離れては自己の生活はありえない。

この場合、どのような物事も、いかなる人間も、自分の利害関心に即して現れる。たとえば、他人を自分の出世の手段にしようと思う場合であれ、あるいは自分を投げ出して献身的に他人のために尽くそうと思う場合であれ、どちらにせよ、他人の存在は自分の意志を促進するものか障害になるものかという利害関心から捉えられることになる。

それでは、こうした意志において、各々のひとが実現したいこと、すなわち各々が目指す目的とは、ひとによって異なるのだろうか。つまり意志の目的はひとによって違うのだろうか。ショーペンハウアーによれば、どのような仕方で自分の意志を実現しようとするかという手段・方法についてはひとによって異なる。しかし以下で見るように、すべてのひとにとって、意志の目的はただひとつ、自らを存続させることである。

たしかに、ひとによって、人生において実現したいこと、目指したいことは異なると考えられる。しかしそれぞれの人に対して、なぜそれを目的とするのか、と問うならば、結局は同じ答えに逢着《ほうちゃく》するのではないか。たとえば、あるひとが獣医になりたいとする。なぜそれを目的とするのか、と聞かれたなら、小さい頃に自分のペットを獣医に救ってもらってとても嬉しかったから、と答えるとする。しかしそうした経験をしたひとのすべてが獣医になりたいと思うわけではない。ではなぜあなたはそうした経験から特に獣医になりたいと思ったのか、と聞かれたらどのように答えるであろうか。もちろんまだそれ相応の答えを続けることも可能かもしれない。しかし結局は、自分はそうしたいから、つまり獣医になりたいと思うから獣医になりたいのだ、という答えに帰結するのではないだろうか。

他のどのような目的を例に採っても、同じことになる。ショーペンハウアーによれば、私たちがそれを意志するのは、ただそのように意志したいからなのであり、それを、意志がめざす目的とするのは、ただ意志がそれを目的としたいからである、としか言えないのである。ひとはそれを意志するから意志する。これ以上に、自分がなぜそれを意志するのか、目的とするのかについて、答えはない。

つまり、意志は自らの意欲を実現しようと意志する働きである。そしてそれが何のためであるのか、何に向かってそうであるのかについて、ひとは答えを知らない。ひとは常に何かをめざし、意志することで生きているが、結局はそれが、なぜ、なんのためにであるかについて知らない。すなわちひとは自分が究極のところ何を目的とし、何を実現したいのかについて知らないのである（したがって、ひとはなぜ働くのかについても知らないことになる)。

こうした考察を基にして、ショーペンハウアーは、生きることは本質的に苦悩に充ちており、幸福とはただ一時、苦悩を忘れている束の間の休息にすぎないと述べる。わたしたちの幸福とは、わたしたちの意志が実現され充たされることで生じる満足や喜びのことに他ならない。しかし、すでに見たように、わたしたちは、結局は自分が何を実現しめざしたいのか知らない。そうであるなら、何を充たされれば満足や喜びとなるのかがわからない以上、わたしたちはそもそも幸福を手に入れることは不可能である。たとえ幸福を得たと思ったとしても、それはすぐに過ぎ去ってしまうのだ。

これは、わたしたちの実体験からも実感できることだ。たとえばあれほど欲しかった洋服も手に入れると、束の間の満足の後、他の新しい洋服が欲しくなる。金銭、地位、名誉といったものも、いったんある程度のものを手に入れると、ますます多く欲しくなる。満足や喜びは、やがて欠損感や不満足に変わる。欲しかったものを手に入れても、満足や安心を得るどころか、それを失うまい、守りたい、と躍起になり、絶えず喪失の不安や恐怖にさいなまれることすらある。

わたしたちの意志は、実は自らのめざす目的も知らないまま、あてもなしに働いているにすぎない。たとえ表面上はもっともらしい理想や大義を掲げているとしてもそうなのである。意志はただ自らの存続・保存のみを目的として、落ち着く閑《ひま》もなく次から次へと目的を生み出して、終わりを知らずに果てしなく働き続ける。そして意志の渇望に終わるところはなく、むしろますます自らを強めていく。

ショーペンハウアーは、この意志を「生への意志」と呼ぶ。彼は、わたしたちはこの「生への意志」にすぎず、したがって、たえず焦燥感にかられ、苦悩にさいなまれる存在であると指摘する。しかし、そのショーペンハウアーは、この「生への意志」の駆動が鎮静化する経験もあるとも述べる。その一つが芸術における美の経験であり、そこでは苦悩からの解放が生じると言う。

芸術の〈楽しみ〉

ショーペンハウアーによれば、芸術作品は、世界やわたしたちの人生の真実の姿（「イデー」と呼ばれる）を現す。そして芸術における美の経験とは、そうした現れを直観することである。たとえば、太陽が沈むのを見るとき、それを牢獄から見るのと宮殿から見るのとでは、景色が異なった仕方で見えていると言う。というのも両者は、一つの同じ太陽を、自らの「生への意志」にとっての利害関心に沿って見ているからである。そして、両者が見ている一つの太陽の真実の姿、誰にとっても異なることのない一つの同じ太陽のありようを、利害関心を超えて直観することが、芸術における美の経験であると言う。実際、たしかに芸術作品は時間と空間を隔てて、ひとを惹きつける普遍性を持つ。

ショーペンハウアーによれば、芸術作品に接し、感動のあまり、何もかも忘れてそれに引き込まれている時、わたしたちは自分の利害関心から自由になっていると言う。なるほど、生きていく上での何らかの利害関心をきっかけにして芸術に触れることも多いかもしれない。しかし、ひとたび芸術作品に魅せられ、あるいは作品の制作に引き込まれ、無心に感動しているとき、この経験が自分の意志にどのような意味があるのかということはもはや関心にない、あるいは問題にならないことがある。それは、自分のめざすものにどのように役立つかということを離れ、ただこの経験がそれ自体として喜びとなっている、そうした経験であろう。

そこにおいてわたしたちは、本当のところ、たとえばこの作品に感動したから明日も頑張ることができるといった感じとは違う楽しみを感じているのではないか。つまり生への意志の利害関心から離れた次元で感動や楽しみを感じているのではないか。これは、生への意志の満足や喜びとしての快楽や幸福とは異なる種類の〈楽しみ〉であろう。

ショーペンハウアーの芸術論に限らず、芸術の哲学（美学）においては、しばしば個人的な「快楽（好み）」と「美」とは区別されてきた。この快楽（好み）とは、自分にとっての損得・都合を意味するとも言えるが、美しいという時、わたしたちはそうした利害関心の次元とは何か異なる次元でそのものを捉えているのではないか。そうでなければ、わたしたちは「快」と区別された「美」という言葉の意味を理解できないのではないか。そうだとすれば、この「美」を現わし、それに触れるのが、特に「芸術」と言われる営みと考えられるのである。

こうして、ショーペンハウアーによれば、芸術の美に触れた時、わたしたちは生への意志の利害関心から離れていると言える。それは、生への意志が働かなくなる、鎮静化するということである。美の〈楽しみ〉と言っても、それはすでに見たように「生への意志」が充たされたときの一時の満足（幸福）としてのそれではない。つまり意志が実現した時の達成感・高揚感といったものではない。むしろ静かな、落ち着きをもった境地におけるそれである。この〈楽しみ〉は、たえず何かを求めて止まない「生への意志」の緊張や焦燥、そしてその苦しみや悩みなどから解放され自由になった経験である。つまり、生きることの活力ないし意欲を与えてくれるものではなく、むしろそれを鎮める経験なのである。

しかし、芸術は「生への意志」を鎮めるとまで言われると、それは、わたしたちが芸術に触れる際の経験に当てはまっているのか、疑問も湧いてくる。むしろ、いままで見てきたように、芸術は、仕事で働くことへの新たな活力を与えてくれるものではないのか。

だが、ショーペンハウアーの見解の方が実際の事実にあっているのではないか。彼によれば、わたしたちが絵画なり音楽なりに無心に没入し、緊張から解放された自由な心持ちになっているのは、何かを目指そうと絶えずあくせくする意志の利害関心から離れ、無関心になっているということだった。そこでひとは、緊張がほどけ、肩の力が抜け、リラックスしてのびのびした気分になる。それは絶えず自らのやりたいことを実現しようと身構えている意志の興奮状態が鎮まった、ある種の落ち着きを持った状態であると言えるのではないか。コンサートで一体感を得る経験ですら、それは日々働くことの起爆剤となる前に、まず生への意志の浮き足だった興奮と焦燥感から醒めること、その意味ではある種の落ち着きを得た経験になっているのではないか。

とはいえ、わたしたちはともすれば、芸術における〈鎮まり〉〈落ち着き〉の経験を見失い、芸術が、働くこととは別の仕方で意志の目的を充たしてくれるものと思い込むのであろう。最初からそうした側面からのみ芸術的経験を実感しようとすることも起こる。しかしこうしたパターンでは、意志が一時は充たされても、早晩、欠乏感や失望感が押し寄せることになるだろう。そして日々の仕事に対する憂鬱も増し、働くこともままならなくなってしまうだろう。

働くことに芸術が与えるもの

芸術における「生への意志」の鎮静化は、わたしたちが日々の生活において仕事で働くことにどのように関わり、どのような影響を与えるのだろうか。

ショーペンハウアーは、芸術における美の経験は「生への意志」の「一時的」な鎮静化であり、苦悩からのしばしの解放であると述べている。芸術の経験は、時間的にも空間的にもある特別な状況においてのみ成り立つからである。芸術に触れるには、美術館、劇場、コンサートホールなどに、あるいは作品制作のためのアトリエや工房などに行かなければならない。というのも、日常の利害関心から自由となりうるような特別な状況を設定し約束することにおいてこそ、芸術が成り立つからである。パフォーマンス・アートのように、街に、あるいは日々の生活に入り込んで行われる芸術もあるが、それもあくまでも日常の利害関心や実用性から独立したものとして演じられ受け取られる限りにおいて成り立つ。たとえば断りもなく顔を白塗りにして出社しても、それだけでは利害関心を超えそれを鎮めるような「美」の経験とはなり難いのだ。

したがって、ショーペンハウアーによれば、芸術経験は生への意志を一時鎮静化するだけで、日々の生活における意志をすべて無くさせるわけではない。芸術経験の後も、日々の働く生活は続く。しかし彼は、芸術と日々の生活や働くこととの関係をこれ以上は詳しく説明してくれていない。そこで、彼のこうした思想に胸を借りつつ、さらに考えを進めてみよう。

繰り返しになるが、芸術経験はある特定の時間・空間でのことであり、基本的にひとはこの経験を受けてまた日々働いていく。この場合、目的を実現しようとしてあてもなしに働き続ける「生への意志」の鎮静化の経験は、日々の仕事の緊張や疲れ、苦しみや悩みをほどくものであり、意志の過熱に毒された日々の生活をいわば解熱・解毒する役割を持っているといってよいであろう。しかもそうした役割は、この役割を目的にしたりあてにしたりする「意志」が忘れられ鎮められる仕方でのみ、発揮されるのである。

こうして、芸術に触れることの楽しさや解放感、自由な心持ちは、日々働くこと全体をある種の落ち着きによって包みこむであろう。それは、次から次へと自らの欲するところを実現しようとする意志のうちに我を忘れて取り込まれることのないような、つまり、果てしない意志の欲求の緊張や興奮に疲弊することのないような、醒めて落ち着きを保ったペースと、のびやかで余裕のある、いわば自由なムードとを生活の中に育むものと言える。

ここでは、いろいろな芸術経験の中でも、日本の〈芸道〉における経験を一つの参考にしてみよう。華道や茶道など、芸道の経験とは、概して芸術の経験でありつつ、同時にひととしての日々の生活態度の修得・実践の経験でもある。それは芸術である限り、やはり特定の状況において成立するものでありながら、同時に普段の生活においてその所作や心遣いが具体的に生かされ、実践されるものである。

すでに見てきたように、芸術の経験の楽しみと落ち着きは、ひとが日々働くことを包み、働くことにペース・ムードを与える。そうであるなら、芸術に触れた経験は、たとえば芸道の場合に見られるように、おのずから日々の働くことの中で具体的に生かされ、実践されるものとなっていくであろう。たとえば好きな曲を毎朝一曲口ずさむ、一日に一回スケッチをする、あるいは一回詩を朗読する……。一日に唯一つの些細な機会としてでも心を鎮める時間・空間を持つ工夫が、たとえ忙しく働いていても、緊張と興奮のうちに我を失い疲弊することのない落ち着きと、余裕のある自由な心持ちとを与えてくれるのではないか。

たしかにこの工夫は、意図的に行われるものであり、ゆえにショーペンハウアーの言う「生への意志」によるものではある。しかしこの工夫が、芸術に触れた経験の楽しみからおのずと生まれる工夫であり、あくまでもこの経験の楽しみや落ち着きを失わずに立ち現れている限り、「生への意志」が制御不可能な仕方でわたしたちを駆り立てることはないであろう。もちろん、最初に書いたように、仕事で働くことは、とりわけ緊張を強いられる大変な作業であり、そこでは、生への意志が過剰に働き出し、私を駆り立て始めることも容易に起こるであろう。我を失い、疲弊し、焦燥感と苦しみや悩みにさいなまれることもあるだろう。しかしそのような時こそ、継続的になされている一々の工夫が、意志の果てしない興奮から醒め、我を取り戻す契機となるであろう。またそれは自分に合う働き方や仕事の種類を見極める、そのきっかけを与えてくれるものともなる。

おわりに

芸術に触れる経験は、それ自身が楽しみであり、人間が生き、働くことの糧となるものである。ただしそれは、人間の意志の利害関心を満たしていくために役立つという意味においてではなく、意志が鎮まる芸術経験それ自体がそれ自体として利害関心を超えた〈楽しみ〉であり、また芸術が与えるその〈楽しみ〉と〈落ち着き〉とが、日々働く生活を包むという意味においてなのである。働くことは、単に或る仕事を遂行することに止まるのではなく、むしろ意志が鎮まる経験において生じる〈楽しみ〉と〈落ち着き〉とを、そしてそこに現れるのびやかで自由な心持ちとを、生活に染みわたらせていくその退引《のっぴ》きならない実践の場である。芸術に触れることで、ひとはこうした実践の場として、日々働くことと向き合っていくのである。

3

「働く」と「働き」

田坂さつき

就職

大学生にとって、卒業後の就職はその後の人生設計に関わる重大な問題だ。哲学科の学生はどこに就職するのですか、とよく聞かれる。哲学科は社会福祉学科のように資格をとれる学科ではないし、工学部のように技能を身につけるわけではないので、学科に固有の就職先や職種はない。

立正大学では就職に関わるキャリアを開発する授業が一年から履修できる。それ以外にも立正大学キャリアサポートセンターの就職セミナーがあるので、そこで自己分析をして、自分の適性や好きなこと、興味のあることなどを考えて、自分のできることで得意なことを活かせる職種を選び、四年生になるとエントリーシートを提出する企業を決めることになる。私のゼミの卒業生は、高校教員、美術館学芸員、病院、福祉施設、金融機関、と様々なところに就職しているが、四年間の哲学科の学びの集大成である卒業論文のテーマと関係する職種を選ぶ学生が多い。哲学科の学生を採用してよかったとよく言われるが、その人の人柄や努力に負うところが大きい。

しかし内定が出ないと、応募した企業の数が少ないのではないか、と周りから言われるそうだ。あまりたくさん出すと、不採用通知もたくさん来るから、落ち込むのも心配なのだと学生はいう。七〇社受けても内定が出ない学生もいた。自分は社会ではいらない、と言われているように思えてならなかったという。世間では、学校を卒業して就職すれば一人前と言われるので、就職のプレッシャーは大きい。

哲学科の学生の中には、私のように哲学科の教員になることを希望する学生もいる。どうしたらいいのか時々聞かれる。私自身は就職活動をした覚えはない。大学の教員は中高の教員とは異なり、国の定める教員免許があるわけではない。大学院に進学して、ただただ、プラトンのテキストを解読して、膨大な研究書を読解して、現代の論争に身を置く。学部も大学院進学後も、古代ギリシャ語のテキストと外国語の研究書と格闘しながら、自分独自の解釈を模索する毎日である。そのような中で、結婚して大学院の博士課程を退学し、長男を出産した直後、幸運にも大学の非常勤講師の職を得た。子育てをしながら、多い時は週五回それぞれ別の大学で主に一般教養の「哲学」や「倫理」の授業を担当した。それから数年後、非常勤講師をしていた大学で教員の公募があり専任職を得た。公募というのは、専任教員を広く募るもので、公募審査は、学位（修士号や博士号）、業績（著書や学術論文の数）や大学での教育歴などを厳正に審査される。哲学の教員公募はそれほど多くないので、大学院修了後に非常勤講師をしている人たちが全国からたくさん応募するので、一つのポストに数十人あるいはそれ以上殺到することもある。私も公募の選に漏れた経験が何度もある。地道に研究を続けて大きな学会に論文を投稿して業績を作りつつ、非常勤の授業改善に取り組むしかないのだが、専任職を得られるかどうかもわからないし、どれくらい時間がかかるかもわからない。そんな中で専任職を得られたのは幸運であった。

大学の教員の仕事は、研究と教育であるが、研究は非常に重要である。今私は、二〇一六年度在外研究のために、一年間立正大学の講義を休んでオックスフォード大学で研究している。ここでは研究をするのが仕事である。世界的に著名な研究者と会うことができ、世界各国から来た研究職を目指す学生や、私のような在外研究の研究者と研究会やセミナーで議論することもできる。帰国後もインターネットを活用して研究交流を継続的に続けられないかと考えている。

病と障害

ところが私は、在外研究の半ばで、脳内の炎症が原因で肢体の麻痺が左半身から全身に広がり、オックスフォード大学病院に入院することになった。病院は完全介護で食事や入浴サービスも整っていて快適であったが、パソコンは手の麻痺のために自由に動かすことができず、研究ができなくなる。すると主治医は、車椅子で大学に通うことを許可し、年明けに参加する予定だったギリシャで開催される学会参加手続きを進めることを勧めた。そのおかげか、歩行の回復がとても早く、手が多少不自由でも大学の講義や研究会には出席することができ、ギリシャの学会も予定通り参加できることになった。それは、私にとっては全介助で療養するよりは遥かに充実した日々になった。働くことをやめないで済んだからだ。

事故や遺伝など本人の過失とはいえないものが原因で、高度な現代の医療や本人の努力をもってしても回復できない病気や障害であれば、働けないのは仕方ない。社会福祉政策において、国が生活を保障すべきであろう。しかし、働くことができないというのは、人として重要な経験の機会が奪われることであり、働かなくても衣食住足りる生活を生涯送るというのは、人生の楽しみに欠ける気がする。例えば、リタイアした後は会社に行く必要はないのでゆっくりしてください、と言われても、毎日時間を持て余し、結局は再就職先を捜して会社に通うことにした、という話はよくきく。「働く」ことに内在している営みには、報酬を得るためということ以外に、「楽しみ」や「やりがい」「生きがい」という要素が重要であるように思われる。

身体的及び知的な障害がある人は就職自体が難しいことは、想像に難くない。また、幼少期から重い障害がある人を福祉の予算で二四時間の介助費用で手当するのが国家の負担であり、障害者の数は少ないほうが良い、という言説は優生思想に裏打ちされて、イギリスでは、国家予算での出生前スクリーニングシステムが構築されている。日本でも、新型出生前診断の導入の是非が議論される中、二〇一六年に相模原市の障害者施設で元職員によって一九名の障害者が殺傷される事件が起こっている。第二次世界大戦の時にヒットラーが精神障害者をガス室で大量虐殺し、「慈悲深い安楽死」の許可を担当医に与えたT4計画を思い起こさせる事件であった。

「働く」と「働き」

横浜市栄区の高級住宅地に重度の重複障害のある方々のための通所施設社会福祉法人「訪問の家」の生活介護事業所「朋」がある。「朋」に通所するメンバー（訪問の家では、施設利用者を「メンバー」と呼ぶ）は、生まれた時から、あるいは病気や事故で、声がうまく出せなかったり、歩くことができなかったり、食べ物をうまく飲み込めなかったり、重いハンディキャップがあるために、生活の多くの面で他者の介護を要する人たちである。通常は養護学校卒業後、朝一〇時くらいに家から施設に通所して、食事や入浴をしたり、それぞれができる活動をして、夕方に家に帰る。親御さんが高齢になられ介護を要する場合や、亡き後のことを想定して、ご本人の自立という観点から、近隣地域で同じ法人が運営するグループホームでの生活を選択する人もいるので、グループホームから通所する人もふえてきている。このような人たちは、生活の糧を得るために働いて一人で生活するのは難しい。

横浜市の協力を得て、重度重複障害児のお母さん方と訪問の家「朋」を創設した日浦美智江《ひうらみちえ》さんは、「朋」に通ってくる皆は「働く」ことはできないが、それぞれ一人一人、その人にしかできない「働き」がある、という。「朋」のメンバーは障害が重いので二四時間全介助を余儀なくされている。しかしメンバーにはその人自身の「働き」がある。日浦さんのいう「働き」を手がかりに考えてみたい。

日浦さんは「朋」について多数の本を書かれ、「朋」の映画作品もいくつかある。福祉施設や大学などでの日浦さんの講演は定評がある。立正大学文学部の公開講座でお願いしたこともある。日浦さんの講演は、日中生活の写真スライドとメンバーのエピソードを紹介しながら、メンバーに寄り添っていた日浦さんの視点から進められる。初めて日浦さんの講演を聴いた時、一番印象的だった写真は、栄区の桂台祭りのスライドだった。盆踊りの輪の中に、たくさんの車椅子、ベッドのように横になれる大きなストレッチャーも混じっている。メンバーはみんな思い思いの浴衣を着て、盆踊りに参加している。桂台祭りは、夏休みに同窓生や里帰りした家族が集う、地域の中心にある桂台公園の祭りで、地元の町内会やママさんバレーの出店に混じって、訪問の家の焼き鳥やかき氷の店が出て、毎年長蛇の列ができる。地域の人とメンバーや施設スタッフの笑い声が聞こえてくるような写真だった。

私はこの写真に魅せられた。日本にもこういうところがある。当時長男が幼稚園児で、次男を身籠っていた私は、こんな地域で子育てがしたいと思った。しかし、桂台は高級住宅地だから福祉施設は似合わないという反対運動があった、という話だった。とても高級住宅地に住むことはできないと諦めていた。ところが、癌末期の母の介護のために二世帯住宅を建てなければならないことになり、車椅子で母が外

桂台祭り（写真提供：山本佳一）

出できる地域がいいと思い、桂台の近くの町内に家を建てた。

スライドの写真は、盆踊りだけでなく、町内会の運動会、祭りの神輿《みこし》もあった。車椅子のメンバーや職員が楽しそうに参加している。スーパーでの買い物や美容院でのカット、カラオケルームのシーンもある。車椅子に乗ると、周りの視線が気になるとよく言われる。街に車椅子で出る人が少ないからにちがいない。日浦さんの話では、地元の中学校での建設説明会の時に「どんどん街にでてきてください。お友達になりましょう」といわれた小さいお子さんを連れたお母さんの言葉を頼りに、チューブを装着した人も、ストレッチャーの人もどんどん街に出たそうだ。すると地元のスーパーでは、施設が頼んだわけでもないのに、店の人が車椅子が通れるように通路を広くしてくれたという。車椅子で我が家を訪れた友人は、この街の人は車椅子で出歩くとよく声をかけてくれるという。このことを地域の人に話すと、「ここは近くに『朋』があるからね」という答えが帰ってきた。建設の反対運動の時の町内会長さんが、二十周年を迎えた折「『朋』は大

桂台祭り（写真提供：庄司七重）

きな木になった。これからもっと葉を茂らせるんだよ」と言われ、日浦さんは涙した。「朋」の創設は、障害者や病人や高齢者が過ごしやすい街を作ることにつながっている。一朝一夕にできることではない。メンバーが外出して地域の人たちの心を動かすことで、街が少しずつ変わってきたのだ。

日浦さんの講演に出てくるエピソードの一つに次のようなものがある*1。

彼です。中学生です。彼はボランティアでやってきました。それで、彼が部屋に入ったとたんに、彼女がとてもいい笑顔を見せたようなんですね。ニコッと笑ったんです。彼はちょっと、シャツの襟を立ててズボンのポケットに手を入れた、茶髪という少年でして。その彼がちょっと肩を振りながら「ボランティアしていい?」って入ってきて、そして、その部屋にいたそのゆう子さん。ニコって笑ったんですね。その笑顔を見て、彼が言いました。「人間は形じゃないんだよ。心を見なくちゃいけないんだよ。僕はここでなら僕になれる」それから彼はほんとに毎週のようにやって参りました。

中学の卒業式、ゆう子さんが内緒で行きました。彼は初めて泣いたそうです。

＊1　こどもの難病シンポジウム「地域が拓く難病の子ども達の可能性報告書」日浦美智江基調講演『地域の中で“たけしさんの一生”』2001年1月27日(土)　沖縄県名護市 万国津梁館　主催:NPO難病のこども支援全国ネットワーク:てぃんさぐの会（沖縄小児在宅医療基金）社会福祉法人「訪問の家」WEBサイト内「日浦美智江前理事長のページ」より http://www.houmon-no-ie.or.jp/hiura/michie10-takeshisan.html（2016年9月26日確認）

「ありがとう。ありがとう」と言いました。彼は高校に入っても「ゆう子さん」と言って朋にやってきました。

彼は自動車やバイクが大好きで「僕はいつかバイク屋さんになりたいんだ」とゆう子さんに夢を語っていました。専門学校に進み卒業。これは彼が初めて買った赤いバイク。「一番にゆう子さんを乗せるんだ」と朋に持ってきました。

彼女は側弯があり体がかたくなってきていて職員二人でも乗せるのに大変でした。このバイクは一週間後に壊れたと聞きました。

これは二人の原宿でのデートです。勿論ナースがお供をしています。

今彼はバイクの店を持っています。

彼はぶれなかった。それはもしかしたら、学校の先生？　友達？　ではなかったのではないかな。ゆう子さんだったんじゃないかな？　って思います。みんなはしゃべれない。でも、人の心をしっかりと動かすことができる。そう思います。

赤いバイクに乗るゆう子さん（写真提供：日浦美智江）

職業　笑顔

ゆう子さんの笑顔にはエピソードがまだある。厚生労働省の職員が視察にきたときにも、笑顔で迎えたそうで、「ゆう子さんがこの笑顔でいられるような施設であり続けることが重要だ」ということが話題になったそうだ。ある時、ゆう子さんに職員が名刺を作った。そこには、「職業　笑顔」と書いてあった。「朋」では、日中活動の中で、音楽活動、和紙染め、クッキー作りなどをグループごとに行っていて、その中でメンバーそれぞれが固有の役割を持っている。彼女は「朋」の来訪者を笑顔で迎えるのが自分の仕事と考えていたのかもしれない。しかし、その彼女の働きは、私たちが、「働く」というカテゴリーにいれて「仕事」と呼ぶこととは違う。仕事だと、対価のために働く、という枠組みに縛られる。仕事だから仕方なく、という場合もあるだ

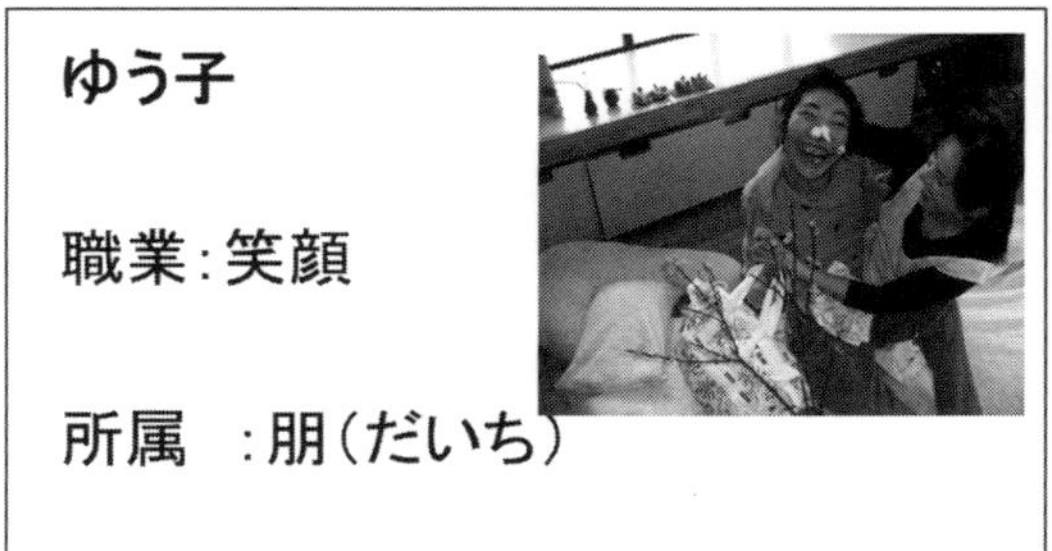

ゆう子さんの名刺（写真提供：日浦美智江）

ろう。ゆう子さんは、仕事だから仕方なく、対価のために笑顔を作ったのではない。その時出会った相手と向き合って、その相手に特別の笑顔を贈与したのだろう。それは無償の贈与で、ゆう子さんがその年まで「朋」と家とを往復する中で出会った多くの人たちとの関わりの中で培われた人間関係の所作だったのだ。ゆう子さんの笑顔が、初対面の彼に、「人間は形じゃないんだよ。心を見なくちゃいけないんだよ。僕はここでなら僕になれる」と言わしめたのは確かにすごい。彼は、自分が自分でいられる場所を探していただろう。家族や教師なら、形ではなく心を見てくれて、自分が自分でいられる場を拓《ひら》くことが期待されるのかもしれない。しかし親であり教師である私も、子どもや学生にそうできるか、というとたいへん心もとない。先生や親御さんも彼が度をはずさないようにどのように接したらいいかを悩んでいたのだろう。

これは、ゆう子さんと彼の、個と個のパーソナルな出会いの中の出来事であって、障害ゆえに特別の魅力がゆう子さんにあるのではない。ゆう子さんが生まれてから桂台のこの施設に通うようになって、家族や地域のいろいろな人達との出会いを通して体得した感受性や気遣い、思いやりなど、彼女の人柄が彼の心を動かしたのだ。これは、障害があるなしにかかわらず、誰でも個と個が向き合うときに起こりうる出来事であろう。「朋」のメンバーは、お互いに個としてパーソナルな関係において向き合った相手には、言葉がない分だけ相手に強く印象的に働きかける。私たちは日頃から言葉に頼っているので、個そのものとして言葉に頼らず向き合う機会がなかなかない。言葉を介さずに気持ちを伝えようとする「朋」での経験は、コミュニケーションの原点を体験させてくれる。「朋」のメンバーは、言葉を介さずに人と人との個の関係性を構築してくれる。

田坂ゼミの学生には、生命倫理の領域に関心があり、障害の重い人の自己決定や尊厳をテーマに卒業論文を書く学生が多い。そのような学生は、当時者との臨床現場での哲学対話の一環として、「朋」と「朋第2」で臨床哲学実習を行っている。学生たちは実習を通して、「障害者」と一括りにして捉えていたメンバーが、一人ひとり個性豊かで、言葉はなくてもいろいろな仕方で意思表示していることに気づく。

二〇一六年の夏、ロンドンのテート・モダン美術館で、モナ・ハトゥム（Mona

Hatoum）の作品の展示を見た[*2]。彼女はレバノン生まれで、イギリスに来た時に戦争が起こって帰れなくなり、その後イギリスで活動している。特に印象的だったのは、縦糸と横糸が織りなす布である。パレスティナの難民キャンプで、女性の自立支援のためにＮＧＯが考案した活動に布を織る活動がある。女性がその出身地・民族・文化により異なる、それぞれ独自の布を織る。それが、「二二の窓」というタイトルで展示してあった。私は、この作品を見て、それぞれの布が、女性の生まれや育ち、文化や宗教が織り成した経験の集大成で、それがその人と出会う窓なのではないかと思った。これは、パレスティナ難民キャンプだけでなく、どこでも言えることなのだと思う。

モナ・ハトゥムの作品そのものも、パレスティナの紛争という厳しい現実の中で生まれ育った個性豊かな彼女の出会う場であり、それが来場者の心を動かすのが、彼女の仕事、働きといえよう。その意味では、ゆう子さんの笑顔も彼女の窓であり、作品であり、仕事といえるのかもしれない。私もオックスフォードに来て、英国の研究者に英文の論文の抜き刷りを渡すと、読んで批評してくれる。彼らにとっては、私の論文も私の窓であり、作品であり、仕事なのだ。そしてこれらは、日浦さんのいう、それぞれ一人一人、その人にしかできない「働き」の体現なのだ。

働いている実感の創成

　全介助の重度重複障害者であっても、施設内で仕事をしていないわけではない。クッキーを作り、近くの保育園に収めたり、バザーなどで販売したりする。他にも、どら焼き、ハーブソルトやジャムも作っている。近くの小学校の生徒と和紙染をして、祝儀袋やポチ袋、ティッシュケースを作って施設内で販売している。地域でのアルミ缶回収リサイクル活動もしている。

　アルミ缶回収リサイクル活動は、地域の人にアルミ缶を自宅に保管してもらって、それを定期的に回収に行き、施設内の缶プレス機で潰して、プレスした缶を業者まで持って行って、換金するというものだ。横浜市が空き缶の分別回収を始める前から、先駆的な空き缶リサイクル運動として、「缶」と「できる」という

＊2　http://www.tate.org.uk/whats-on/tate-modern/exhibition/mona-hatoum
http://uk.phaidon.com/agenda/art/articles/2016/may/03/3-cool-mona-hatoum-works-in-the-new-tate-show/
https://youneedacocktail.com/tag/mona-hatoum/（2016年9月26日確認）

ことを掛け合わせて命名したCANという作業所から始まった。しかしいずれの活動も身体が不自由だと、作業にはスタッフやボランティアの支援が必要である。クッキーの種をこねる、焼く、和紙を切る、空き缶を掴《つか》んで缶プレス機に投入するなどは、スタッフが手添あるいは代行という仕方で作業せざるを得ない。そうなると、メンバーが自分で仕事をしている実感が得られないため、「働く」ことに内在している「楽しみ」「やりがい」「生きがい」をメンバーは経験できないのではないか。スタッフは悩んでいた。このようなスタッフの悩みやその解決策は、「働く」ことに内在している、報酬を得る目的以外の、「楽しみ」「やりがい」「生きがい」という要素を具体的に考えるために役立つように思う。

①本人の意思が仕事に反映される

クッキー作りや和紙の製作品作りもスタッフやボランティアの支援がなければ完成しない。スタッフやボランティアが作業しているのではなく、本人自身が作業していると言えるようにするにはどうしたらいいか。スタッフは、作業の要所要所で、メンバーが見て確認して指示を出す、という参加の仕方を重視する。小学生が染めた和紙をメンバーに持って行って「これでいいですか」と確認してもらい、ＯＫが出たら次の段階に進む。「まだ」という回答なら、やり直す。クッキー作りについては、ココアクッキーを作るか、抹茶のクッキーにするかなど、スタッフと企画の相談から始める。このような意思確認のためには、それぞれの人のＹＥＳ／ＮＯを確定しなければならない。ある人は頷《うなず》きと首を左右に振る動作、これができない人は手あるいは足の一部を動かす動作が何を意味するのかを、お互いに約定しておく。ある人は、まばたき、あるいはきわめて微細な表情の変化を読みとらなければならないこともある。これは場合によって、確認に非常に長い時間を要することがある。メンバーからのサインは、障害ゆえに発するのに時間がかかり、必ずしも明確ではない。メンバーの意思の確認作業は、スタッフの聴く姿勢、そして待つことが重要になる。

スタッフは、重度の重複障害者の施設での仕事において、働いている実感を得るために、メンバーの意思が作業全体を統括していることを実現する努力をしている。たしかに、自分にできる仕事をやっていても、自分の意思がどのような仕方で仕事全体に関与しているのかがわからないと、自分が働いているという実感が沸かない。よい仕事を探している学生も同じだろう。つまり、その人の意思が、何らかの仕方で仕事に反映していないのであれば、やりがいが感じられない。これがまず第一点である。

②本人の行為がどのように仕事全体に関与しているかが本人に知られている

訪問の家では、「朋」でも「朋第2」でも地域での空き缶回収リサイクル活動をしている。私が日浦さんに初めて出会ったのは、私の前任校湘南工科大学で、一般教養科目「ボランティア論」の講師を依頼した時であった。その時私は、工学部の学生のために工学の特質を活かしたボランティア活動を立ち上げようとしていた。あるとき、機械工学科の学生の村石君と一緒に「朋」を訪問すると、スタッフが「工学部の学生さんにお願いしたいことがある。車椅子からふさえさんの力で缶プレスができる装置を作って欲しい」という。ふさえさんは氷川きよしが好きな色白の中年女性だが、身体が不自由で自分で空き缶を掴んで缶プレス機に投入することができないので、スタッフが手添といいながらも実質的に作業を代行していた。そうなると、ふさえさんが自分で作業をしている実感が得られないということで、スタッフは悩んでいた。車椅子を台の上に乗せて、プレス機と同じ高さになるようにしたこともあるようだが、台が不安定で、ふさえさんが乗りたがらない。これでは作業を強制することになるのでやめたそうだ。村石君はその場で、空き缶を頭上にストックしておいて、紐を引くと滑車が作動して缶が降りてきてプレス機に自動的に投入されるという構想を絵を書いて説明したが、スタッフはそれではだめだという。その構想図では、紐を引くという動作と缶が落ちてきて潰れるという工程は、ふさえさんの視界には入らない。工程全体をメンバーが理解できないと意味がない。できれば、空き缶が潰れるところもふさえさんに見えるようにしてほしいという。つまり、本人の行為がどのような仕方で作業全体に関与しているのかが、明確にわかりやすい仕方で本人に知られていなければならない。これが第二の点である。

③ 採算と効率が最優先ではない

第三に、スタッフはしきりに採算と効率が最優先ではない、という。ボタンひとつで一〇〇個空き缶が潰れるというように、効率と採算を上げるような工夫は必要か、という質問に対しても、スタッフはＮＯだった。この活動は、短時間に高収入を得るためのものではなく、地域の人から缶を回収する時にコミュニケーションの機会が生まれて、障害の重い人一人一人を近所の人に知ってもらうことを目的にしているそうだ。

第二の点と第三の点は、深く関わっている。本人の行為が仕事全体における関与の仕方が知らされないまま、ただ、ボタンをひたすら押すような仕事であれば、それがどれだけ効率よく利益をもたらす行為だとしても、それは作業の強要になり、仕事のやりがいや楽しみを生み出さない。意味のわからない労働や厳しいノルマで縛られる仕事が辛いのも同じ理由であろう。

村石君は友達や実習工場棟の先生の協力を得て、要望に応えた機器をボランティアで製作した。その後、湘南工科大学は、社会福祉法人「訪問の家」と「障害者支援モノづくり」の覚書を交わす。機器のメンテナンスや、図面などの資料の保管と共有などについて取り決めて、工学部のカリキュラムのなかで、現在も実施している。「障害者支援

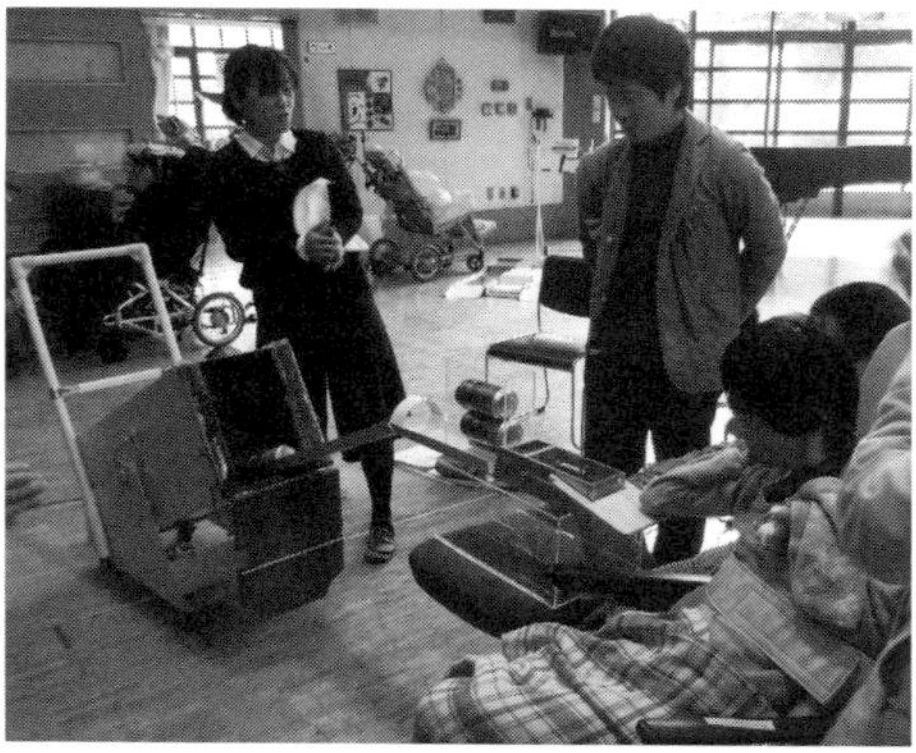

ふさえさん（写真右）と渡邊君
（写真提供：木村広幸）

モノづくり」を人生最後の仕事として捧げた勝尾正秀先生はじめ、工学部の先生の指導のもとで、学生たちが製作とメンテナンスを一〇年以上続けてきた。

ある時、施設のスタッフから「田坂先生は、空き缶を潰すのがあなたのできる仕事だから、朝から晩まで缶を潰す作業をしていなさい、と言われたらどうですか?」と聞かれた。私は「私ならいやです」と答えた。その頃は、障害がある人が達成感や楽しみをと、ボタンを押すとボタンが光って音楽が流れたり、空き缶を一〇個セットしてこれが何回終われば今日の仕事は終わり、というせめてもの目標設定をしたりする工夫をした。どんな仕事でも何か楽しみが必要で、仕事の達成度を実感できる工夫が必要なのだ。ただ、光や音楽も飽きてしまうと楽しくないので、時々変えられるように工夫した。

ふさえさんは年齢を重ねて肢体の動きが変化し、手ではなく肘《ひじ》でレバーを押すようになり、高さが合わなくなった。そこで村石君が製作した空き缶プレス機を、木村広幸先生の研究室の卒業製作として、木村研究室の渡邊君が新規に製作した[*3]。渡邊君は三年生の時から、「朋」のふさえさんの日中活動グループ「つばさ」に通い、何度も模型を作って試行錯誤と失敗を経て、レバーを押すとぽん

＊3　この製作については、2016 年の日本工学教育協会で発表された。
木村・田坂・渡邊「デザイン思考を活用した PBL 型「福祉ものづくり」の取り組み」日本工学教育協会平成 28 年度教育研究講演会講演論文集、2016 年 9 月、396-397

という音がして、空き缶が飛んで缶プレス機に投入される装置を製作した。完成した時には、ふさえさんは、満面の笑みで更に声を出した。その声は「うれしい」と聞こえた。ふさえさんが、声を出して思いをはっきりと伝えたのを聞いたのは初めてで、私も木村先生も渡邊君もスタッフもメンバーも心を動かされる驚きと感激の瞬間だった。

この活動は現在「福祉ものづくり」と呼ばれているが、二〇一五年から立正大学文学部哲学科の田坂ゼミでも実施している。工学技術を学んだ学生でないとできない製作品もあるが、高度な技術が必ずしも必要ではなく、発想の豊かさや創意工夫によって、臨床現場のニーズに応えるものづくりは、哲学科の学生でもできるものがある。生活支援具の製作には、施設スタッフはもちろん、利用者本人とのコミュニケーションが欠かせない。体が不自由でも押しやすいボタンなどの製作は、難病患者の家族を支援するＮＰＯが主催する講習会などで学ぶことができる。

昨年度ゼミ生が製作した装置の一つは、ボタンを押すと録音した

隆生さん
（写真提供：田坂さつき）

音声が流れる装置で、大阪在住のＡＬＳ*4技術ピアサポータ久住純司さんの指導とＮＰＯ法人ＩＣＴ救助隊の協力の下で完成した。「朋第2」で空き缶回収をしている青年が、アルミ缶を回収するときに「ありがとう」とボタンを押して気持ちを伝えるために考案した。私は、納品の日に缶回収に学生と同行した。横浜市栄区は、横浜市で最も高齢化した地域である。人通りの少ない平日の午後、五、六人のメンバーが空き缶を入れる台車をスタッフと引きながら、ある人は車椅子で、ある人は徒歩で、協力世帯を回る。その装置は、活動的な青年隆《りゅう》生《せい》さんのために作った。装置はポシェットの中に入れられ、肩から下げられている。スイッチを押しやすいように、スポンジに埋め込んだ大きなボタンがポシェットの外に付いている。いつもなら座り込んで動かなることもある隆生さんが、その日は、意気揚々と回収世帯へと向かっている。チャイムを押すと初老のご婦人が出てこられた。挨拶を交わすと、顔なじみのメンバーの一人の姿が見えないことをそのご婦人は気遣われる。スタッフが「しばらく体調を崩して入院され

「ありがとう」の装置
（写真提供：田坂さつき）

＊4　筋萎縮性側索硬化症（Amyotrophic lateral sclerosis）の略称。主に中年以降に発症し、運動ニューロンが選択的かつ進行的に変性消失していく原因不明の疾患。症状は筋萎縮、筋力低下が主体である。難病情報センターホームページ www.nanbyou.or.jp/entry/214（2017 年 2 月 12 日確認）

ていたのですが、もう退院されて通所されています。きょうはちょっと」と伝えると、そのご婦人は「私も来週から病院なの」と言う。スタッフがお見舞いの言葉をかける。アルミ缶の入った袋をそのご婦人が手渡すところで、隆生さんが装置のボタンを押して「ありがとう」という声が流れる。ご婦人に「それは何？すごいわね？」と言われると、隆生さんは、満面の笑み。スタッフが機器製作の経緯を説明して、製作した学生も嬉しそうだった。

空き缶回収は、高齢者世帯の多い桂台の防犯あるいは一人暮らしの高齢者の見守りとしても地域から期待されているそうだ。空き缶回収に同行して本当にそうだと思った。「朋第2」のメンバーのお母さんにこのことを話すと、自分の息子の活動がそんなことにもつながるのは感激だと言われた。障害の重い人とパーソナルに個と個の関係において出会う場で、メンバーの「働き」が現れる。この積み重ねが、地域の人の心を動かし地域を創成していく。

このように考えると、できることで効率よくお金を稼ぐことが「働く」第一の目的とはいえず、自分の意思で仕事をして、仕事全体に自分が貢献している実感を得ることが重要であり、そこからやりがいや生きがいが生まれるといえよう。

その人の経験の蓄積に裏打ちされた人柄に触れて、職場や地域で出会う人たちと個と個のかけがえのない関係を構築していく中で、その人にしかできない「働き」が認知されるのだろう。そのことによって、職場や近隣地域でその人がかけがえのない必要な人となる。働くことの充実感や生きがいにつながる。

これは、障害の重い人の仕事から明確に見て取れたが、学生のみならず、あらゆる仕事についても共通ではないか。それゆえ、できることで効率よく収入を得ることだけに着目するとき、働くことによって得られる達成感や充実感、生きがいが見失われてしまう。そうならないために、それぞれ一人一人、その人にしかできない「働き」を大切にすることは重要である。

「働き」を大切にするには

就職はもちろんのこと、それぞれ一人一人、自分にしかできない「働き」を大切にすることは、人生の中で、自ら問い続けなければならないだろう。どうすればいいのか。

二〇一六年末、オックスフォード大学の卒業式が行われるシェルドニアンシアターで、ウラジミール・アシュケナージ指揮オックスフォードフィルハーモニー管弦楽団のコンサートがあった。天井桟敷には格安の席が用意されていて、オックスフォード大学の教授陣と学生に混じって、私もその席に座った。アシュケナージといえば、今世紀有数のピアニストであり指揮者だが、現在は八〇歳という高齢である。彼の指揮棒と両手は、微細な動きで一つひとつの楽器に丁寧に指示を出し、曲全体を熟知した老練の指揮による絶妙な演奏が創造される。

指揮に演奏者の注目が集まる緊張感あふれる時、私は、「朋」のメンバーの微細な意思表示を読み取ろうとしている「訪問の家」スタッフの緊張感あふれる姿が重なって見えた。アシュケナージは、実に楽しそうに指揮棒を振った。時には飛び上がるように、自由に動きまわった。演奏が終わると割れるような拍手。指揮者は演奏者一人ひとりに拍手を送り、満面の笑みである。ゆう子さん、ふさえさん、隆生さんの笑顔を思い出した。アシュケナージがこの歳でこのような仕事ができるのは幸せだと思う。彼がロシアでピアノを学び、十代でショパンコンクールで有名になり、その後幾多の賞を受賞し、指揮者としても活動し、ロシアから英国に移住して現在はスイスに住み、高齢になっても演奏活動をするその毎日の仕事、鍛錬によって、彼にしかできない「働き」が醸成され、人の心を動かすのだろう。

管弦楽団の演奏の前に、オックスフォード大学で音楽を学ぶ学生のアンサンブルと教員の伴奏による学生のチェロとフルートの演奏会があった。大学で音楽を学ぶ学生たちを、管弦楽団で演奏するプロたち、そしてアシュケナージが暖かく見守っているようだった。彼らも学生時代には同じように学び、日々修練を重ねて今に至っている。これは音楽に限らず、オックスフォード大学の哲学専攻の学生も、海外から集まる研究者も同じである。学問や文化はこのような日々の地味な修練の積み重ねにより創造され維持される。

障害の重い人の施設においても、同じように、日中活動の積み重ねの中からその人にしかできない「働き」が醸成され、出会った人たちの心を動かすのだろう。それゆえ、障害のあるなしにかかわらず、日々の学習や仕事、人との交わりなど、地味と思われることでも手を抜かず誠実に一つ一つ成し遂げていく中で、自分にしかできない「働き」が醸成されるのだ。

<名無しさんが退室しました>

179 スレ主：016/09/27（火）01:57:25

あれ、今のって・・・。
皆さん、ありがとうございました。宝くじは当たりましたが、もうしばらく仕事を続けるしかないかなと思います。

〈スレ主さんが退室しました〉

※本作はフィクションであり、舞台となった掲示板の存在や設定は、架空のものである。また執筆にあたって、立正大学哲学科有志で行っているRis哲での2016年8月23日「宝くじが当たったので、働くのやめます」、24日「やりがいのある仕事」での議論から、多くの示唆を得ることができた。参加者に感謝の意を表したい。
なお執筆にあたって、以下のテキストも参照した。興味のある方は、手に取っていただきたい。

國分功一郎著『暇と退屈の倫理学　増補新版』（太田出版、2015 年）
ラース・スヴェンセン著、小須田健訳『働くことの哲学』（紀伊國屋書店、2016 年）
森博嗣著『やりがいのある仕事という幻想』（朝日新書、2013 年）

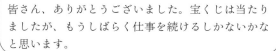

174 小五郎：016/09/27（火）01:30:47

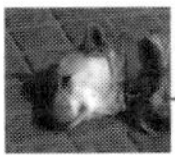

その仕事自体が目的となっておらず、お金といった別の目的のためだけに、それをしている場合などですね。

175 アララ：016/09/27（火）01:31:15

あとは、仕事以外で退屈を紛らわせることができる、とかっすかね。あんまりオレ、ナットクしてないっすけど。
オレも眠くなったんで落ちますね。色々ベンキョーになりました。あざーした！

176 スレ主：016/09/27（火）01:32:44

仕事以外で、自分が「誰か」を確かめることができ、仕事をやめても退屈を感じない人であると言ってもよいかもしれません。

〈アララさんが退室しました〉

177 小五郎：016/09/27（火）01:34:17

私も落ちますね。本日はありがとうございました。

〈小五郎さんが退室しました〉

178 名無し：016/09/27（火）01:55:03

さて、仕事にやりがいを感じることは、不幸なのか、幸せなのか。本当の自分を忘却し、頽落しているだけではないか？

169 スレ主：016/09/27（火）01:25:43

シエルさん、ありがとうございました。確かに、最後、大変な課題をいただいた気がいたしますね。夜も更けてシエルさんも退室されましたし、そろそろまとめに入りましょうか。

まとめ

170 小五郎：016/09/27（火）01:26:31

そうですね。

171 アララ：016/09/27（火）01:27:04

もうちょっと話したい気もしますけど、仕方ないっすね ww

172 スレ主：016/09/27（火）01:28:10

これまでの議論を振り返ると、「宝くじが当たったから、働くのをやめる」という人は、どういう人だといえるでしょう？

173 アララ：016/09/27（火）01:29:33

まず、その仕事自体にやりがいをかんじていない人っすよね。アイデンティティ www をそこから得ていないっていう

165 スレ主：016/09/27（火）01:22:58

全く同じではないが、重なっているのではないでしょうか？　たとえば「サラリーマン」、「ケーキ屋」として社会のなかで自分の位置づけがはっきりしているから、何をすべきなのかも決まっているといえるのでは？

166 シエル：016/09/27（火）01:24:00

すみません。議論もたけなわですが、もう限界（_ _）.。o○　（_ _）.。o○　なので落ちます。
最後に一言。どうして僕たちは「誰か」でいたいと思うのでしょうか？　また、退屈に耐えられず、「何かをしなくてはいけない」と思うんでしょうか？

〈シエルさんが退室しました〉

167 アララ：016/09/27（火）01:24:35

シエルさん、お疲れっす。しかし、最後、難しいこと www、ぶっこんできましたね wwww サスガっす wwww

168 小五郎：016/09/27（火）01:25:22

シエルさん、お疲れ様でした。

161 スレ主：016/09/27（火）01:18:55

それは大きいかもしれません。
・・・色々考えると、お金のためでもありますが、退屈や倦怠に陥らないために、私は仕事をしている気がしてきました。もしも仕事以外で、たとえば趣味などで、退屈を紛らわせて、人生に意味を与えることができるのであれば、仕事をやめても良いのかもしれません。

162 小五郎：016/09/27（火）01:20:25

私の場合は、やはりさきほど書いたように、仕事がなくなったら、自分が「誰か」わからなくなりそうだという感じが強いですね。社会の中での自分の位置づけがわからなくなるというか。誰からも必要とされていない気がするというか。

163 アララ：016/09/27（火）01:21:31

質問です ww　スレ主さんの「仕事をやめたら、何をしていいかわからない」と小五郎さんの「仕事をやめたら、自分が誰かわからなくなりそう」という二つの意見は、同じことなんすかね？

164 小五郎：016/09/27（火）01:22:24

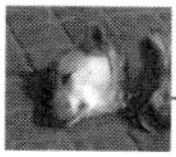

・・・どうでしょう・・・か・・・？

157 スレ主：016/09/27（火）01:15:15

>なるほど。　退屈におちいりそうだと
・・・そうですね。今の仕事がなくなったら、朝起きて、何をしたらいいのかわからなくなりそうです。そういう意味では、大して好きな仕事ではないですが、それに助けられているというか、とても楽をしているのかもしれません。自分のすべきことを決めてもらっているという点で。

158 アララ：016/09/27（火）01:16:07

申し訳ないんですけど、全然キョーカンできないっす。自由に自分の時間を使えるのって、サイコーだと思うんすけど。それはオレがいま学生だからなんすかね。

159 小五郎：016/09/27（火）01:17:26

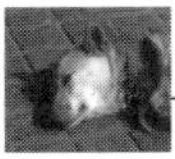

私は、スレ主さんの感覚はわかる気がします。何をするのか決まっているということは、窮屈な反面、とても楽ではありますよね。
私も「もうケーキを作らずに、自由に何でもしていい」と言われたら、途方に暮れそうな気がします。

160 シエル：016/09/27（火）01:18:05

(＿＿)．。o○．．(。゜ω゜) ﾊｯ！
私もアララさんと同じで、きょうかんできないのですが、それはまだはたらいたことがないからでしょうか？

152 スレ主：016/09/27（火）01:10:10

私は音楽を聴いたり、好きな小説を読んだりしますが、しかしそうした趣味は、あくまでも余暇にするから楽しいのであって、ずっとそれだけをしていると飽きてしまいそうな気がします。

153 シエル：016/09/27（火）01:11:18

なるほど。　たいつくにおちいりそうだと

154 シエル：016/09/27（火）01:12:18

(_ _）.。o〇　あっ、退屈でした

155 アララ：016/09/27（火）01:12:53

シエルさん、眠そうっすね www 大丈夫ですか？

156 シエル：016/09/27（火）01:14:25

(_ _）.。o〇..(。゜ω゜）ﾊｯ！
面白いところなので、もう少し頑張ります。

146 アララ：016/09/27（火）01:06:13

えっ、色々やりたいこと、好きにやればいいんじゃないですか。

147 スレ主：016/09/27（火）01:06:58

それが見つからないというか、面倒というか。皆さんは、休日は何をしていますか？

148 アララ：016/09/27（火）01:07:42

おっ、突然っすね wwww。　そっすね～、女の子と映画見たり、ゲームしたり、友達と遊んだり、女の子と海行ったり、女の子と服買いに行ったり。まあ、金がないときは、テレビ見たりとかですかね。スレ主さんや小五郎さん、シエルさんの趣味は何ですか？

149 シエル：016/09/27（火）01:08:04

(　ﾟ,_ゝﾟ) ｯﾌﾟ「女の子」多いですね。
(*^o^)』読書とか勉強でしょうか

150 小五郎：016/09/27（火）01:08:51

囲碁や俳句をたしなむ程度ですね・・・。

151 アララ：016/09/27（火）01:09:16

二人とも、マジメ www

142 シエル：016/09/27（火）01:00:35

（,,｀・ω´・）ｿﾝﾝ？　どうしてですか？　職人さんって感じでかっこいいのに。

143 小五郎：016/09/27（火）01:01:51

うまく言葉にできないのですが、「ケーキ屋をやめたら、私が私でなくなる」ということは、仕事以外に、自分が自分であることや場所がなく、自分の存在に意味を見いだせていないことのようが気がしまして・・・。
それまで、自分としっかり向き合っていなかったからのような・・・。

144 スレ主：016/09/27（火）01:3:21

ケーキ屋というお仕事を、一生の仕事とできたということは、大変幸せなことだとも思いますが・・・。

退屈と仕事

145 スレ主：016/09/27（火）01:05:44

すこし小五郎さんがうらやましくなってきました。
私の場合、今の仕事を積極的にやめたいというわけではありませんが、宝くじが当たったとしても続けるほど好きではない気がします。でも、いざやめるとなったら、やめた後で何をしていいのかわからないから、躊躇しそうな気もしますが・・・。

137 シエル：016/09/27（火）24:57:09

（‘ω’）ノ　「自己同一性」とか、そんな意味ですよね？　つまり自分が自分であることを確かめられるよすがというか。

138 小五郎：016/09/27（火）24:58:48

シエルさん、ありがとうございます。確かに、そうですね。スレ主さんのおっしゃる通り、「ケーキ屋」であるということが、私のアイデンティティとなっているのかもしれません。もしも突然仕事を取り上げられたら、自分の居場所がなくなるというか、世界の中で自分の位置がわからなくなるというか、そんな気分に襲われるかもしれません。

139 アララ：016/09/27（火）24:57:31

やっぱり、その感覚は、オレにはわからないっすね。コンビニバイトやめたからといって、オレがオレでなくなるわけではないし。

140 スレ主：016/09/27（火）24:58:33

アララさんにとっては、まだコンビニエンスストアのアルバイトが、アイデンティティを構成するものとなってはいないのでしょうね。

141 小五郎：016/09/27（火）24:59:54

なるほど。しかし、皆さんと話しているうちに、「ケーキ屋」をやめたら自分が自分でなくなるというのは、本当はとても寂しいことのような気がしてきました。

131 アララ：016/09/27（火）24:52:05

？　自分が自分でなくなるって、何でっすか？

132 小五郎：016/09/27（火）24:53:38

30年も同じことをしていると、もうそれをしていない自分を想像できないというか、自分が「誰」であるのかということに、抜きがたく「ケーキ屋」ということが刻み込まれているというか・・・。

133 アララ：016/09/27（火）24:54:11

オレにはわからない感覚っすね〜。そこまでコンビニバイトに思い入れないんで

134 小五郎：016/09/27（火）24:55:33

おそらく、仕事をはじめて1年目だったら、こういう感覚はないのかもしれません。父のやっていたケーキ屋を継いだ当初は、いやいややっていたところもありましたし。今でもすべてが楽しいというわけではありませんが・・・。

135 スレ主：016/09/27（火）24:56:01

つまり、「ケーキ屋」であることが、小五郎さんのアイデンティティになっていると。

136 アララ：016/09/27（火）24:56:31

？？？　すんません。「アイデンティティ」って何すか？

125 アララ：016/09/27（火）24:48:37

それは、仕事それ自体に、やりがいがあるとか楽しいとか、そういうことっすか？

126 小五郎：016/09/27（火）24:49:49

ああ、確かに。やりがいはある仕事だと思いますよ。しかし、やはりそれだけでもないですかね。つらいことも面倒なこともありますからね。そうですね・・・、すこし考えさせてください。

127 アララ：016/09/27（火）24:50:01

待機するっすっ

128 シエル：016/09/27（火）24:50:24

（　）ー（Д｀）ー（´Д｀）ー（´Д）ー（　）

129 小五郎：016/09/27（火）24:51:13

・・・多分、おそらくケーキを作るという今の仕事をやめたら、自分が自分ではなくなってしまうような気がするのかもしれません。

130 シエル：016/09/27（火）24:51:54

(@・д・@)？！

121 小五郎：016/09/27（火）24:43:17

今はうちのケーキ屋の定休日は火曜日だけなのですが、それを週２日にしたりはするかもしれません。実際にどうなるかはわかりませんが・・・。しかし、やめることはない気がします。

122 アララ：016/09/27（火）24:44:08

それは、もともとオレみたく金のために働いていないってことですか？

123 小五郎：016/09/27（火）24:47:22

・・・うーん、そうとも言いきれませんね。やはり今働いている一番の動機がお金であることは、認めないわけにはいきません。生活をするためには、お金が必要で、それを得るためには働かなくてはならず、それが私がケーキ屋をしている一番の理由であることは、確かだと思います。しかし、それだけでもない、ということですかね。

124 シエル：016/09/27（火）24:48:01

(ﾟдﾟ)！　なるほど。では、アララさんにとってコンビニのアルバイトは、お金が目的で、アルバイトそれ自体が目的ではないけれども、小五郎さんにとっては、ケーキ屋の仕事自体も目的になっている、という感じでしょうか？

仕事とアイデンティティ

117 スレ主：016/09/27（火）24:39:25

なることが難しい仕事のほうが、収入が高く、憧れられる傾向がある、と。しかしだからといって、そうした仕事のほうが「えらい」わけでも、「よい」わけでもないという意見も出てきました。また、どんな仕事についているかだけで、その人間がどんな人間かを決めることはできない、と。
はじめの問いに戻りたいのですが、宝くじが当たったら、皆さんは仕事をやめますか？

118 アララ：016/09/27（火）24:40:12

オレは、コンビニバイト、やめますね。もともと、金のためにやってたんで www

119 小五郎：016/09/27（火）24:41:28

私はやめないと思います。ただ、いまと同じペースで働くかはわかりませんが・・・。

120 シエル：016/09/27（火）24:41:53

(。-`ω´-) ｿｰ　というと？

110 小五郎：016/09/27（火）24:35:48

それにまだ娘は、14 歳ですし

111 アララ：016/09/27（火）24:36:01

えっ、じゃ、これまでの話は、全部妄想 www まだ先の話だったんすね www

112 スレ主：016/09/27（火）24:36:33

そうだったんですか・・・。てっきり妙齢のお嬢さんかと考えておりました。

113 シエル：016/09/27（火）24:36:08

(゜∇゜;) !?　14 才！　僕と同い年ですね

114 アララ：016/09/27（火）24:36:29

Σ（・□・；）

115 小五郎：016/09/27（火）24:36:44

Σ（・□・；）

116 スレ主：016/09/27（火）24:36:53

Σ（・□・；）

103 アララ：016/09/27（火）24:33:55

ってことは、小五郎さんの娘さんと結婚する男は、小五郎さんに認められる「仕事」についていたほうがいいんすね

104 小五郎：016/09/27（火）24:34:34

・・・・・・・・・・・・まあ、本音をいえば、どんな男でも認める気はないのですが。

105 スレ主：016/09/27（火）24:34:45

。　・・・・・・・。

106 シエル：016/09/27（火）24:34:51

(　--)　(--)　(--)　(--)

107 アララ：016/09/27（火）24:34:54

wwwwwwwwww

108 シエル：016/09/27（火）24:35:07

ｴ━━（;;゜Д゜）━━ｯ

109 アララ：016/09/27（火）24:35:23

本音ぇ www。さっきと言ってることが www。

99 アララ：016/09/27（火）24:30:18

うーん、確かにwww　バイト先のバンドマンの先輩も、「いまはこれでいいけど、10年後はきびしい」って言ってたしwww

100 スレ主：016/09/27（火）24:31:35

たとえば、結婚するのであれば、相手に認めてもらわなければなりませんし、相手の親御さんにも、認めてもらえないよりも認めてもらえたほうが、結婚する前でも後でも、色々と都合がよいわけです。つまり、世間一般の「良し悪し」に左右される必要はないかもしれませんが、かといって、周囲の人たちの意向を完全に無視してもよいというわけではないのではないでしょうか？

101 シエル：016/09/27（火）24:32:04

(・｀ω´・) -｀ω´-)　なるほど

102 スレ主：016/09/27（火）24:33:33

「自分にとってよい」仕事であるためには、「自分一人にとってだけよい」仕事ではだめだと思います。第三者の評価に振り回されるのはよくないというのは同意いたしますが、だからといって、家族や恋人、友人を無視するのではなく、それらの関係ある人たちと一緒に「自分たちにとってよい仕事」を見つけていくべきではないでしょうか？　もしそうだとすると、結婚相手のお父様の意向も、沿わないよりは沿ったほうがいいとはいえると思います。

95 シエル：016/09/27（火）24:24:49

(@｀▽´@)/　その先輩は間違っていないと思います。その仕事がいい仕事なのかそうでないのかということは、自分にしか決められないことだと思います。たとえ小五郎さんから見て、お嬢さんの結婚相手の仕事として「いい仕事」ではないとしても、それは小五郎さんにとって「よくない」だけで、誰にとっても「よくない」わけではないのではないでしょうか。

96 小五郎：016/09/27（火）24:25:55

私の見解には、世間の親御さんの大半は同意してくれると思いますが・・・。

97 シエル：016/09/27（火）24:27:12

それでも、自分の人生を生きるのは自分しかいない以上、そのバンドマンの先輩は、「自分にとっていい」仕事を選ぶべきではないでしょうか？　たとえ世間から評価される仕事に就いたとしても、納得できない仕事をいやいや続けるのであれば何にもならない気がします（´≧ω≦`)

98 スレ主：016/09/27（火）24:29:48

なるほど。シエルさんの意見は、傾聴に値するものがありますね。しかし、周りの人たちを完全に無視して、自分の好きなことだけを仕事にするということは、現実問題、すこし難しい気がします。

92 アララ：016/09/27（火）24:20:55

でも www、そう思っちゃうんすけど・・・

93 シエル：016/09/27（火）24:22:17

しかし、今のアララさんにとって、コンビニのアルバイトは、時間的にも金銭的にもちょうどいいと思うんですよね（((o ≧▽≦）ノ彡　小五郎さんのように、週休一日で朝から晩まで働いていては、学校に行く時間、勉強する時間がとれないわけですから。また、小五郎さんは生計を支えなければいけませんが、現在のアララさんはおそらくそんな義務はなく、学費やお小遣いを稼げばいいというくらいだとするならば、必要な金額も異なるわけです。

94 アララ：016/09/27（火）24:23:32

すんません、オレ、学費も親持ちなんで www バイトは完全に自分の遊ぶ金用っすね www でも、そうっすね、人によって、状況によって「いい仕事」は変わるってことっすよね
コンビニにバンドマンの先輩がいるんすけど、その先輩なんか、自分のバンド活動の時間が十分に取れれば、金額とかは最低限でいいって感じっすね。むしろリーマンとかなってバンドができないってなったら、生きてる意味ないって言ってますし。

87 アララ：016/09/27（火）24:14:03

ドラマで主役クラスだとギャラは高いけど、エキストラとかは代役でも大丈夫だから、ギャラが安いという感じっすか？　どんな仕事でもお金が発生する以上必要といえるけど、簡単に代役が見つかるような仕事はギャラが安くて、医者や弁護士といった、誰でもすぐに交代できない仕事は、ギャラが高いんすね。

88 小五郎：016/09/27（火）24:16:18

なるほど。皆さんに憧れられる職業の共通性はわかった気がします。

89 シエル：016/09/27（火）24:18:48

結局のところ、「なることが難しい仕事」や「収入のいい仕事」はあっても、誰にとっても「いい仕事」なんてないのではないでしょうか？　そう思われる傾向のある仕事があるだけで。それを「えらい」とか「良い」仕事と考えるのは、多分に社会的な先入見が紛れ込んでいる気がします（‘-’ *）♪

90 アララ：016/09/27（火）24:19:04

どゆこと？

91 シエル：016/09/27（火）24:20:18

たとえば、弁護士のほうがコンビニのアルバイトよりも「えらい職業」とか「良い仕事」ということはないということです。

83 アララ：016/09/27（火）24:09:58

いやいや、それ、ちがくないっすか？　オレ、遠くのスタジアムに観戦に行くってくらい、鎌谷っていうサッカー選手が好きなんですけど、その選手が活躍すれば１週間幸せだし、怪我で出場しなければその間ずっとへこんでるんで、俺にとってすげー必要な選手だし、スポーツなんですけど。

84 シエル：016/09/27（火）24:11:33

「必要」という言葉も、いくつか意味がありそうですね　>°)))) 彡
ひとつは、その仕事がなければ、社会や会社、店などのグループが成立しないという意味。たとえば、農家や工場のライン、喫茶店やコンビニのアルバイトも、それぞれの集団が機能しないという意味で必要な仕事だと思います。そもそも必要があるからこそお金が発生するわけで、この意味ではどの仕事も必要と言えると思います（・ω≦）

85 アララ：016/09/27（火）24:11:52

なるほど、なるほど。別の意味もあるんすか？

86 シエル：016/09/27（火）24:12:56

もう一つの意味としては、その人でなければならないという意味です（o^ ∇ ^o）ノ　たとえば、代わりのきかない選手、俳優であるほど、ギャランティーが上がる気がします。

80 スレ主：016/09/27（火）24:05:58

なるほど、なるほど。なるために、時間や労力、お金などがたくさん必要な仕事ほど、「レア度が高い」といえそうですし、スポーツの選手や弁護士などは、努力したからといってなれない人もいるくらい「レア度」が高いと。
さきほど、アララさんは「必要とされている」という点も出していましたが、その点はどうでしょうか？

81 アララ：016/09/27（火）24:06:48

なんかお金がたくさんもらえる仕事は、必要とされている仕事なのかな、と

82 小五郎：016/09/27（火）24:08:43

弁護士や医者はそれがなければ社会が機能しないという意味で、必要な仕事だといえると思います。しかし、スポーツはあくまで娯楽なので、スポーツ選手はそういう意味で必要ではないのではないでしょうか。それなのに、高給をもらっているということは、必要とされるかどうかは、あまり重要ではないのでは？

76 シエル：016/09/27（火）24:00:28

゜∀゜！！　その仕事に求められる能力というか技能が、特殊というか、高い水準のものだからではないでしょうか？　たとえば弁護士ですと、法律や事例に関して特別な知識が必要ですし、その知識がきちんと修められているかどうかを測るために司法試験があるといえます。

77 アララ：016/09/27（火）24:01:31

なるほど～、シエルさん、かしこいっすね。確かに、誰でもなれるような仕事は、あまり憧れられなかったり、収入も普通な気がしますね。

78 スレ主：016/09/27（火）24:02:49

これまでの議論をまとめると、憧れられる職業とは、①収入が高く、②なることが難しい（アララさんの言い方だと「レア度が高い」）職業であるということでしょうか？

79 シエル：016/09/27（火）24:04:19

（o。_。）ｳﾝｳﾝ　一応いいとは思いますが、おそらく②「レア度が高い」、つまりなるために様々なスキルが必要になるからこそ、①収入が高くなる、ということな気がします。そして、そのスキルには、弁護士のような知的なものもあれば、サッカー選手として活躍するための体力的なスキルもある、と(*´∀`*)ﾉ。+゜*。

70 シエル：016/09/26（月）23:55:57

(°-°)（。_。）(° -°)（。_。）ｳﾝｳﾝ　なるほど。たとえば、野球やサッカーの選手って、多くの男の子がなりたいと思う職業ですけど、実際なれるのは、ほんとにごく一部ですし、さらにプロになれても、一流選手として活躍できるのは、さらにその一部ですよね。

71 アララ：016/09/26（月）23:56:28

そうそう。弁護士なんかも、なるの、ちょー難しいっすよね。やっぱりそういう仕事って、すげーなと思いますよね。

72 スレ主：016/09/26（月）23:57:11

弁護士やサッカー選手が、なるのが難しいのは、どうしてでしょう？

73 アララ：016/09/26（月）23:58:33

えっ wwww、どうしてって？

74 シエル：016/09/26（月）23:58:45

(*「・ω・) ？　(~へ~;) ｳｰﾝ（考え中）

75 小五郎：016/09/26（月）23:59:12

・・・・・・・・・・・

63 小五郎：016/09/26（月）23:52:05

そういわれると、すぐにはわかりませんね・・・。

64 アララ：016/09/26（月）23:52:23

収入？ 安定性？

65 シエル：016/09/26（月）23:52:53

確かに、公務員は安定性があるイメージですよね。
高給というと、弁護士や司法書士などもそうですが、
人気のスポーツ選手などもそうですよね(*´▽`*)

66 スレ主：016/09/26（月）23:53:27

共通点はなんでしょうか？

67 アララ：016/09/26（月）23:53:53

レア度 ww と必要度 ww っすかね～

68 スレ主：016/09/26（月）23:54:22

「レア度」とは？

69 アララ：016/09/26（月）23:54:59

なりにくさというか、なることの難しさというか

58 小五郎：016/09/26（月）23:48:11

抵抗を感じるとは書きましたが、それはあくまでよほど極端な場合ですよ。基本的には、娘を信用しておりますので、娘が選んだ相手ならば、認めるつもりです。ただし、無職である場合などは、やはり心配せざるをえませんし、仮に非合法な仕事であった場合などは反対すると思います。

59 シエル：016/09/26（月）23:48:53

なるほど（*’ω’*） 理屈では「職業に貴賤はない」と考えているけれど、実際に娘さんの結婚相手となると・・・、という感じでしょうか？ たとえば、アララさんのコンビニのアルバイトなんかはどうですか？

60 小五郎：016/09/26（月）23:50:58

アララさんには申し訳ないですが、親としては、コンビニでアルバイトをしている男よりも、公務員の男を連れてきてくれたほうが嬉しいのは確かです。

61 アララ：016/09/26（月）23:51:16

あらら www まっ、仕方ないっすね wwwwww

62 シエル：016/09/26（月）23:51:44

アララさん、申し訳ないです _（._.）_ その違いは、何に因るのでしょうか？

54 小五郎：016/09/26（月）23:43:33

・・・確かに、そういう可能性はありますね。

55 シエル：016/09/26（月）23:44:25

(o゜◇゜）ノ　仕事だけでその人がどんな人なのかは、やはりわかりませんよね。人間というのは多面的なもので、仕事というのはその一面にすぎないのではないでしょうか（￣∀￣*）？　もちろん、その人間が「誰」であるかという要素のうちで、仕事が大きなウェイトを持っているのは確かだと思いますが。

56 スレ主：016/09/26（月）23:45:01

相手との関係によっても、多面性のどれが注視されるのかが変わる気がしますね。結婚相手としてなのか、仕事仲間なのか、友人としてなのかによって、「仕事」が重視される場合、「趣味」が重視される場合、「人柄」だったり「顔だち」、「身長」といったその他の要素が重視される場合がありそうですね。

職業に貴賤を感じるとすれば、それは何に因《よ》るのか？

57 スレ主：016/09/26（月）23:46:33

先ほど小五郎さんは御嬢さんの結婚相手としては、やはりその仕事によっては抵抗を感じると仰ってましたが、それはどうしてなのでしょう？

49 小五郎：016/09/26（月）23:37:57

やはり職業によって印象が変わるということはある気がします。たとえば、スーパーのレジ打ちよりも、ウェブデザイナーに憧れがちというか。あるいは弁護士や医者を「いい仕事」、「えらい仕事」と思いがちというか。

50 アララ：016/09/26（月）23:38:38

とすると、「職業に貴賤はある」し、職種や働いているか否かは、その人の価値を変えるってことっすか？

51 スレ主：016/09/26（月）23:39:02

それが正しいことかどうかは別にして、そう感じる人が多いというのは事実であると思います。

52 小五郎：016/09/26（月）23:40:44

私自身そう感じてしまいます。私には娘がいるのですが、連れてきた彼氏が公務員か無職であるかによって、結婚を認めるか認めないかに違いが出る気がします。

53 アララ：016/09/26（月）23:41:53

でも、公務員と結婚したからといって、必ずしも娘さんが幸せになるとは限らないっすよね。ちゃんとした奴だと思ってたら実はひどいDV男だったり、反対に、ろくでもない奴と思ってたらすごい誠実で気持ちのいい男だったり。。。

45 シエル：016/09/26（月）23:32:16

逆に燃えそうなんですね（*’▽’） しかし、やはりその子の仕事によって、印象は変わると。どうして、その子が喫茶店の店員さんだと怯まないのに、銀行員だと怯んでしまうんでしょう？

46 アララ：016/09/26（月）23:33:22

そうっすね～、多分自分はまだ学生なんで www、釣り合わないと思っちゃうのかもしれないっすね。社会に出てちゃんと働いている人と比べて、何か自分は見劣りするというか。。。自由になる金も少ないし wwwww

47 スレ主：016/09/26（月）23:35:55

しかし、先ほどのアララさんの話だと、職業の違いなんて気にしなければいいのでは？ 現にアララさんは学生でコンビニエンスストアでアルバイトもしています。当然、無職でもないわけです。「職業に貴賤はない」というのでしたら、別に引け目を感じる必要はないのでは？

48 アララ：016/09/26（月）23:36:21

うーん、そういわれるとそうですけど、やっぱり気にしないわけにはいかないっすね。なんでかな？

41 シエル：016/09/26（月）23:28:03

(｀-ｪ-) y―┛┛考え中
別の言い方をすると、相手が銀行員であるのか、ウェブデザイナーであるのか、無職であるのかで、その人の印象が変わるとすれば、それはなぜか、ということです（θωθ）/

42 アララ：016/09/26（月）23:28:21

でも、合コンで知り合った子と仲良くなるのに、相手の職業とか関係ない気がするんですけど www それより、話が合うかとか、顔が好みかとか、ぶっちゃけスタイル www とかのほうが、大事なんじゃ？

43 スレ主：016/09/26（月）23:30:23

確かに、そのように考えることもできますね。「職業に貴賤はない」という言葉もありますし、働いているかいないか、どんな職業についているかということで、その人の価値が変わるわけではない、と。
では、アララさんはその子が「喫茶店でバイトしてます」と言っても、「銀行で受付をしてます」と言っても、まったく同じ印象でしょうか？

44 アララ：016/09/26（月）23:31:42

うーん、そういわれるとビミョーっすね www 確かに「銀行で働いてます」って言われたら、「オレまだ学生だし ww」って、びびるかも。逆に燃えそうな気もするけど。

35 小五郎：016/09/26（月）23:23:43

同感です。

36 シエル：016/09/26（月）23:24:23

確かに、そうした事実があるとは思うのですが、どうしてなのでしょう
(*゜ω゜*)？

37 アララ：016/09/26（月）23:24:39

どうしてとは？

38 シエル：016/09/26（月）23:26:49

どうして自分の仕事を告げることで、「自己紹介」をした気になるのでしょうか（゜Д゜）？
あるいは相手が何の仕事をしているのかを知ることで、相手のことを理解した気になるのでしょうか
(*「´・ェ・｀）？

39 スレ主：016/09/26（月）23:27:13

おっ、とても哲学的な問いが出てきましたね。

40 アララ：016/09/26（月）23:27:43

何か、難しいっすwww まだ正社員として働いていないwww オレには、ちょっと実感わかないんですけどwwwww

29 シエル：016/09/26（月）23:18:55

（。´・ω・）ん？

30 スレ主：016/09/26（月）23:19:48

ああ、わかる気がします。私は小五郎さんとは全く違う職業ですが、同じように感じます。

31 アララ：016/09/26（月）23:20:33

えっ、何すか、それ。働かないで、好きなことだけして暮らしていけたら、サイコーじゃないすか

32 スレ主：016/09/26（月）23:21:46

まず、現在の日本で、成人した人間が無職であること、働かずに遊んでいることを白い目で見る傾向がある気がします。「働いていなければ一人前ではない」みたいに、近所の奥様達に、陰で悪口をいわれるとか。

33 アララ：016/09/26（月）23:22:13

そんなの、気にしなければいいじゃないっすか

34 スレ主：016/09/26（月）23:23:12

確かにその通りですが、「気にしない」というのもなかなか難しい気がします。やはり自己紹介をするときに、自分の名前以外に何を告げるのかといえば、自分の職業ですし。

23 アララ：016/09/26（月）23:14:22

すげーっすね。まだ学生で、コンビニバイトくらいしかしたことのない俺からは、まじリスペクトっす

24 小五郎：016/09/26（月）23:15:25

コンビニエンスストアのアルバイトも、大変で重要なお仕事だと思いますよ。

25 アララ：016/09/26（月）23:15:59

あざーす。でも俺は、宝くじ当たったら、その日にバイト辞めると思います www

職業に貴賤はあるのか

26 シエル：016/09/26（月）23:16:55

小五郎さんが大変なのにもかかわらず、宝くじに当たっても、お仕事をつづけるのは、やっぱり、やりがいがあるためでしょうか（*^^）v？

27 小五郎：016/09/26（月）23:18:23

そうだと思いますが・・・。いや、どうでしょう？たとえ働かなくても良いという状況であっても、無職になること、働いていないことへの抵抗みたいなものもありそうな気がします。

28 アララ：016/09/26（月）23:18:52

？？？

19 シエル：016/09/26（月）23:10:55

(#^.^#)

20 小五郎：016/09/26（月）23:11:31

> アララさん
パティシエなんて、洒落たものではないです。商店街のケーキ屋です。

> シエルさん
シエルさん、はじめまして。こちらこそよろしくお願いします。

〈やりがい〉ですか・・・。小麦粉、牛乳、卵などの材料を混ぜて、ケーキを作ることや、新作を考えることも好きですし、私の作ったケーキを食べたお客さんが喜んでくれるのも、うれしいですね。

21 スレ主：016/09/26（月）23:12:05

すてきなお仕事ですね。大変なこととは、具体的にどんなことですか？

22 小五郎：016/09/26（月）23:13:54

小さな店なので、材料の仕入れから、販売、会計、掃除まで、妻と２人でこなさなければならないため、店をやっていくこと自体が大変ですね。特に、クリスマスシーズンなどは注文が増えますので、臨時バイトを雇っても追いつかず、寝る間もないということもあります。

13 小五郎：016/09/26（月）23:06:55

ケーキを作ることはきついことも多いですが、やりがいはありますし、お金ができたからといって、すぐにやめようとは思いませんね。

14 アララ：016/09/26（月）23:07:25

パティシエっすか、かっこいいっすね

15 シエル：016/09/26（月）23:08:22

はじめて書き込みさせていただきます、シエルといいます。よろしくお願いします <m（＿）m>　小五郎さんに聞きたいんですが、いまの仕事のやりがいはどんなところにあるんですか（‘ω’）ノ？

16 アララ：016/09/26（月）23:08:55

顔文字 www

17 シエル：016/09/26（月）23:09:35

あれっ、この板、顔文字禁止でしたか？　失礼しました

18 スレ主：016/09/26（月）23:10:11

いえ、特にそうした縛りは設けていませんので、各自お好きに使っていただいて構いませんよ。

7 小五郎：016/09/26（月）23:00:14

すごいエリートですね。

8 アララ：016/09/26（月）23:00:55

外資系の一流商社をあっさりやめるとか、めちゃめちゃ余裕すぎて、嫉妬しかしないっす

9 スレ主：016/09/26（月）23:00:55

同感です。
テーマに戻りましょう。このテーマで考えてみたいのは、「働く」ことの意義についてです。「働く」ことの動機は、第一にお金を稼ぐことにあると思うのですが、その必要がなくなっても、なおも働かなくてはいけないのか。皆さんはどう思いますか？

＜シエルさんが入室しました＞

10 アララ：016/09/26（月）23:02:13

うーん、職種にもよるんじゃないっすかね～

11 小五郎：016/09/26（月）23:03:15

私はやめないですね。

12 スレ主：016/09/26（月）23:03:57

小五郎さんは、どうしてやめないんですか？

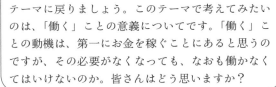

3 スレ主：016/09/26（月）22:56:22

私の友人に、こう言って仕事をやめようとしている人がいまして。彼に何と言ってあげるべきかなと、悩んでいるところだったので、皆さんに相談に乗ってもらおうと思いまして。

4 小五郎：016/09/26（月）22:56:58

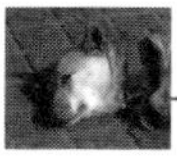

そうなんですか。

5 アララ：016/09/26（月）22:58:11

> 皆さん
今日も、よろしくです www

> スレ主
すげー、そんな人、本当にいるんですか www　いくら当たったんですか？　何してた人なんですか？

6 スレ主：016/09/26（月）22:59:45

> すげー、そんな人、本当にいるんですか www
いるんです。私もうらやましいです。

> いくら当たったんですか？
詳しくは知らないですが、ぜいたくしなければ、一生働かなくていい程度らしいです。

> 何してた人なんですか？
仕事は、外資系の一流商社でしたよ。忙しい仕事のようですが、それなりにやりがいも感じているようです。

新スレッド「宝くじが当たったので、働くのやめます」が立てられました

<スレ主さんが入室しました>

1 スレ主：016/09/26（月）22:49:14

というわけで、新スレッド「宝くじが当たったので、働くのやめます」を立ててみました。いつもの皆さんはもちろん、はじめての方とも、この板のマナーを守って、自由に議論ができればと考えています。

この板のマナー
①哲学者の言葉をつかわずに、わかりやすく書きましょう（わからない場合は、遠慮せず質問しましょう）
②ひとの意見をよく聞きましょう（ひとの意見を頭ごなしに否定するのはやめましょう）

<小五郎さんが入室しました>
<名無しさんが入室しました>

2 小五郎：016/09/26（月）22:55:32

なかなか面白そうなテーマですね。どうして、このテーマなんですか？

<アララさんが入室しました>

4

宝くじが当たったので、働くのやめます

木村史人

著者紹介

竹内聖一（たけうち・せいいち）
◆専攻　分析哲学、特に行為論
◆主要著作　『ケアの始まる場所――哲学・倫理学・社会学・教育学からの11章』（金井淑子との共著）ナカニシヤ出版、二〇一五年
◆おすすめの一冊
野矢茂樹『**哲学の謎**』講談社現代新書、一九九六年
二人の人物の対話形式で書かれた哲学の本です。「他人と自分は同じ色の世界を見ているのか」「過去は本当に存在したのか」「なぜ世界中の犬を「犬」で表せるのか」といった疑問を考えたことがある人、考えたことはなくても今目にして興味を惹かれた人には、ぜひ読んでみてもらいたいと思います。

板橋勇仁（いたばし・ゆうじん）
◆専攻　日本哲学（西田哲学など）・近代ドイツ超越論哲学（ショーペンハウアー哲学など）
◆主要著作　『西田哲学の論理と方法――徹底的批評主義とは何か』法政大学出版局、二〇〇四年／『歴史的現実と西田哲学――絶対的論理主義とは何か』法政大学出版局、二〇〇八年／『底無き意志の系譜――ショーペンハウアーと意志の否定の思想』法政大学出版局、二〇一六年／『ショーペンハウアー読本』（共著）法政大学出版局、二〇〇七年
◆おすすめの一冊
中井正一『**美学入門**』中公文庫、二〇一〇年
美しいと感じるとはどのようなことか、それが人生にどのような意味を持っているかをわかりやすく講義したもの。美学にとどまらず、およそ哲学そのものへの最良の入門書の一つ。

田坂さつき（たさか・さつき）

◆専攻　西洋古代哲学、倫理学、臨床哲学

◆主要著作　『『テアイテトス』研究――対象認知における「ことば」と「思いなし」の構造』知泉書館、二〇〇七年／（共著）『高等学校　現代倫理――現代の社会を動かす思想』（文部科学省検定教科書）清水書院、二〇一三年／（共著）『『ポリテイア』におけるイデア論の始まり』『理想』（689）36-46、二〇一一年／『臨床哲学――立正大学文学部哲学科での取り組み』立正大学文学部学術叢書08、KADOKAWA、二〇二二年

◆おすすめの一冊

V・E・フランクル（山田邦男・松田美佳訳）**『それでも人生にイエスと言う』**春秋社、一九九三年

フランクルはアウシュビッツ収容所で人間の残酷さや弱さを直視しつつも、過酷な状況でも愛と希望とを見出す。彼はその経験を経て、尊厳ある生き方は何か、苦悩に意義があるのかなど、哲学的な問いと向き合っている。

木村史人（きむら・ふみと）

◆専攻　西洋近現代哲学、とくにハイデガー

◆主要著作　『「存在の問い」の行方――『存在と時間』は、なぜ挫折したのか』（北樹出版、二〇一五年）

◆おすすめの一冊

レイ・ブラッドベリ（伊藤典夫訳）**『華氏451度〔新訳版〕』**早川書房、二〇一四年

本を読むことが禁止され、本が燃やされる世界を描いたSF小説。映像に耽溺し、考えることをやめた人びとと、それに抗う主人公。思考を外に表したものが言葉で、言葉を集め、留めたものが本だとするならば、本がなくなった世界では人は考えるための手がかりを喪失してしまう。せわしなく流れていく世界の只中で、足をとめ、考えることをはじめるためには、本を開くことが必要であることを教えてくれる一冊。

哲学《てつがく》 はじめの一歩《いっぽ》 働《はたら》く

二〇一七年三月三〇日 初版発行
二〇二三年一月二一日 三刷発行

編者 立正大学文学部哲学科 りっしょうだいがくぶんがくぶてつがくか

発行者 三浦衛
発行所 春風社 Shumpusha Publishing Co.,Ltd.
横浜市西区紅葉ヶ丘五三 横浜市教育会館三階
〈電話〉〇四五・二六一・三一六八 〈FAX〉〇四五・二六一・三一六九
〈振替〉〇〇二〇〇・一・三七五二四
http://www.shumpu.com ✉ info@shumpu.com

装丁・レイアウト 矢萩多聞
印刷・製本 シナノ書籍印刷株式会社

ISBN 978-4-86110-542-5 C0010 ¥1500E